GÉRARD,

OU

UN GROGNARD DE L'EMPIRE;

PAR

Mardelle,

AUTEUR

D'UNE NUIT AU FORT DE DERPT; DE LA CHUTE D'UN
GRAND HOMME; DES PRINCES NORVÉGIENS;
DE GUSTAVE WASA, ETC., ETC

Tome Quatrième.

Paris,

LECOINTE ET POUGIN, QUAI DES AUGUSTINS,
CORBET, QUAI DES AUGUSTINS,
PIGOREAU, PLACE ST.-GERMAIN;
MASSON ET YONET, RUE HAUTEFEUILLE.

1833.

souvent des suites funestes chez les personnes d'un tempérament bilieux on mélancolique.

Le scorbut, les scrophules, et toutes les affections connues vulgairement sous le nom de *maladies par faiblesse*, c'est-à-dire, par défaut de ton, sont de très-longue guérison chez les personnes d'un tempérament lymphatique et d'une constitution faible.

ARTICLE SEIZIEME.

Signes tirés de l'habitude et de l'idiosyncrasie.

L'on a souvent dit, et des auteurs le répètent encore tous les jours, que l'habitude d'éprouver une maladie quelconque rend plus apte à la supporter impunément. Nous regardons cette opinion comme erronée, et nous jugeons qu'une maladie sera d'autant plus dangereuse, qu'elle se sera répétée un plus grand nombre de fois. L'on sait que le plus grand nombre des affections, dont l'homme est susceptible, consiste en des inflammations. Or, n'est-il pas de toute évidence qu'un organe sera d'autant plus apte à s'enflammer d'une manière intense, qu'il aura été plus souvent siége d'une irritation insolite? Cette vérité ne brille-t-elle pas aux yeux de tout homme au

GÉRARD.

IMPRIMERIE DE MADAME VEUVE POUSSIN,
Rue et hôtel Mignon, n. 2.

GÉRARD

OU UN

GROGNARD DE L'EMPIRE.

Par Mardelle,

AUTEUR D'UNE NUIT AU FORT DE DERPT,
DE LA CHUTE D'UN GRAND HOMME,
DES PRINCES NORVÉGIENS, DE GUSTAVE WASA, ETC.

TOME QUATRIÈME.

PARIS,

LECOINTE ET POUGIN, QUAI DES AUGUSTINS;
CORBET, QUAI DES AUGUSTINS;
PIGOREAU, PLACE SAINT-GERMAIN;
MASSON ET YONET, RUE HAUTEFEUILLE.

1833.

GÉRARD.

CHAPITRE PREMIER.

Lé général, malgré la pureté de
ses intentions, se rendit en trem-
blant dans la chambre de Louise.
Il lui semblait qu'il allait commettre une mauvaise action, et fut un

moment tenté de retourner sur ses pas ; mais comme le jour commençait à poindre, il découvrit le visage et le sein de la jeune fille, et l'aspect de ces objets enchanteurs le retint. Il était dans une telle agitation que son cœur battait avec violence. Il approcha du lit de Louise, sur lequel il s'assit avec précaution. Là, il put la contempler à loisir ; elle lui parut plus belle que jamais. Il n'osa d'abord faire le moindre mouvement, se contentant de fixer des regards avides sur les charmes qui s'offraient à sa vue. Son ravissement extatique dura long-temps encore ; mais la passion qui dominait ses sens, exerçant enfin sur lui un pouvoir irrésistible, il couvrit de mille baisers le visage, la poitrine et les bras de Louise,

qui entr'ouvrit un instant ses paupières.

— « Herfort ! cher Herfort ! s'é-
cria-t-elle à demi-voix, je suis enfin à toi ! »

Puis elle referma les yeux et
resta dans le même état d'engour-
dissement, dont ne purent l'arracher les caresses du comte. Quant
à lui, il savourait à longs traits le
plaisir d'admirer tant d'appas; mais
plus il se prolongeait, plus son
amour devenait effréné. Le délire
s'emparant tout-à-coup de ses sens,
il ne fut plus le maître de compri-
mer l'ardeur dont il était dévoré ;
sa vertu céda enfin à la véhémence
de ses désirs, et un moment d'ou-
bli le rendit coupable. Il osa flétrir
l'innocence de celle qu'il idolâ-
trait.

1.

— « O honte ! s'écria-t-il après avoir assouvi sa passion... Grand Dieu ! qu'ai-je fait ! j'ai osé profaner ce qu'il y a de plus pur sur la terre. La voilà donc, cette fille céleste dont j'ai indignement trompé la confiance... Elle s'agite, elle soupire ; elle m'appelle... Ses paupières se rouvrent à la lumière : elle va sans doute me reprocher mon crime. Ah ! retirons-nous ! je ne pourrais soutenir ses regards.... Mais non ; l'état où elle se trouve l'empêche de rien distinguer... D'ailleurs, ses yeux viennent de se refermer, et la voilà encore plongée dans le sommeil !... Pardon, ma Louise, si tes charmes m'ont fait oublier un instant mon devoir ! mais je vais me hâter de réparer ma faute... Dors en paix, fille adorable, tandis que

je m'occuperai de ton sort... Oui,
tu vas devenir mon épouse, et dès
ce moment mes soins empressés
auront pour but notre prochaine
union. »

Il allait se retirer, quand il en-
tendit du bruit dans la cour. Il
courut vers la fenêtre, et aperçut le
commandant du grand poste qui
faisait prendre les armes aux hommes de garde. Au même instant,
on sonna avec force à la porte de
son logement. Il quitta aussitôt la
chambre de Louise pour aller ouvrir. C'était son aide-de-camp qui
venait le prévenir de ce qui se passait.

— « Général, lui dit-il, le grand-
duc de Berg vient de se présenter
avec une nombreuse escorte à la
porte d'Allemagne. Le major de

la place est allé le reconnaître , et dans un instant ce prince sera dans nos murs. »

Le comte d'Hérouville revêtit son uniforme en un clin-d'œil , et vola au-devant du grand-duc. Il le rejoignit comme il faisait son entrée dans le fort , à la tête d'une centaine de lanciers. Dès que Murat eut mis pied à terre , il embrassa le général, en lui donnant des marques de la plus grande amitié.

— « Mon cher comte , lui dit-il, vous ne vous attendiez guère à me voir aujourd'hui , surtout au lever de l'aurore ; mais je suis tellement pressé de me rendre à ma destination, que je voyage jour et nuit. J'ai quitté Dusseldorff avant-hier , et je dois rejoindre l'empereur à Bayonne le 15 du courant. Vous voyez, mon ami, que je n'ai pas de temps à perdre. Je ne resterai ici que le temps de déjeuner et de vous communiquer une chose qui vous intéresse particulièrement. Mon escorte, qui va séjourner à Kehl, se remettra en marche pour me rejoindre en Espagne, où les Français vont entrer. Des relais sont préparés sur toute la route pour mon voyage jusqu'à Bayonne, et dans deux heures je partirai de Strasbourg avec un général de division dont je fais le plus grand cas... Mais le temps presse.... faites-moi vite servir quelque chose ; surtout traitez-moi en ami, c'est-à-dire sans façon. »

Le comte, qui conduisit le prince dans la salle à manger de son logement, fit servir le déjeuner. A peine furent-ils à table que Murat reprit la parole.

— « Je vous ai dit tout-à-l'heure, mon cher comte, que j'avais à vous apprendre une nouvelle qui vous concerne. Hé bien ! elle est relative à la mission qui vous retient dans ce pays. Cette mission est terminée dès aujourd'hui.

— Quoi ! prince, mes fonctions cesseraient !

— Oui, vous dis-je ; vous êtes remplacé dans votre commandement, et vous allez quitter les bords du Rhin.

— Serait-ce une disgrâce ?

— Tenez, continua Murat en présentant un papier au général, lisez ceci. »

Le premier mouvement d'Herfort, en prenant connaissance de cet écrit, fut de témoigner la plus grande satisfaction.

— « Quel honneur pour moi ! s'écria-t-il; sa majesté a daigné me nommer général de division.

— Oui, mon ami; mon beau-frère a cédé à mes sollicitations.

— Quoi ! mon prince, c'est à votre altesse que je dois cette faveur ! Comment reconnaître un si grand bienfait ?

— En continuant à servir sous mes ordres comme vous l'avez fait partout où vous avez été employé. Vous joignez à une valeur éprouvée une grande expérience, et c'est dans cette conviction que j'ai prié l'empereur de vous attacher au corps que je vais commander.

— Ce sera donc sous les ordres

1*

de votre altesse que j'aurai l'honneur de servir?

— Sans doute.... Ce général de
division dont je vous parlais, et qui
va se rendre avec moi à Bayonne,
c'est vous, mon cher comte; oui,
nous voyagerons dans la même voiture.... Vous avez appris les divi-
sions qui viennent d'éclater dans la
famille royale d'Espagne, l'arresta-
tion du prince des Asturies, accusé
d'avoir conspiré contre Charles IV,
son père; le pardon accordé par
ce malheureux roi à son fils; l'é-
meute populaire pendant laquelle
le prince de la Paix a failli être massa-
cré à Madrid. Ces événemens remarquables ont nécessité la présence
de l'empereur à Bayonne, où Charles IV s'est rendu avec toute sa famille. Par suite de leurs conférences

(11)

avec mon beau-père, le vieux roi, Ferdinand et ses frères renoncent à leurs droits au trône en faveur du prince Joseph qui va être proclamé roi d'Espagne. J'irai l'installer dans Madrid à la tête d'une armée où vous commanderez une division. Je présume que nous aurons une guerre cruelle à soutenir dans ce pays. Qu'importe! pourvu que les Espagnols soient soumis! C'est un peuple fier, il est vrai; mais qui peut désormais résister aux Français? Maintenant nous tenons le sceptre du monde; et ce n'est pas après avoir vaincu tant de nations que nous avons à craindre d'échouer en Espagne.....
Ainsi donc, mon cher général, vous allez quitter Kehl dans une heure. Vos aides-de-camp et vos équipages vous rejoindront à

Bayonne où l'empereur nous attend. Hâtez-vous de donner vos ordres en conséquence. »

Le général fit venir sur-le-champ ses aides-de-camp et tous les gens de sa suite, pour leur annoncer son nouveau grade et son départ précipité, et leur recommander de se conformer aux instructions du prince. Ils lui firent leurs félicitations et, sans perdre de temps, allèrent tout préparer pour leur voyage.

Quand ils s'éloignèrent, les traits du comte ne tardèrent pas à se rembrunir. Une sombre tristesse obscurcit tout-à-coup ses yeux ; une pensée pénible l'agitait en ce moment. L'idée d'abandonner Louise sans pouvoir lui faire ses adieux attristait vivement son âme. Murat remarqua facilement le changement

qui venait de s'opérer sur sa figure.

— «Qu'avez-vous donc, général?
lui demanda-t-il; pourquoi mon-
trez-vous un visage où se peint de
la tristesse, quand vous devriez être
satisfait de votre nouvelle position?
Expliquez-moi, de grâce, ce qui
peut motiver l'humeur chagrine
que vous paraissez éprouver.

— Je serais indigne des bontés
dont votre altesse daigne m'hono-
rer, si je ne lui faisais pas connaître ce qui me contrarie aussi vivement. Je laisse ici une nièce arrivée
d'hier de Paris; elle ne m'a pas encore vu, et je vais la quitter sans
qu'elle puisse recevoir la moindre
marque de ma tendresse. »

Herfort expliqua au prince, dans

tous ses détails , l'événement arrivé
la veille à Louise.

— « Voilà une aventure bien bi-
zarre et en même temps bien désagréable et pour vous et pour votre
nièce, reprit Murat. Je plains beaucoup cette jeune personne, qui aura
fait inutilement un voyage long et
pénible. Je me fais une idée de l'impression douloureuse qu'elle éprou-
vera lorsqu'à son réveil elle appren-
dra votre départ. Mais , mon cher
comte , que faire ? Il n'y a nul moyen
de le retarder. Les relais sont préparés , et le jour de notre arrivée à
Bayonne est fixé. D'ailleurs, mademoiselle votre nièce ne doit pas
ignorer qu'un militaire , serait-il
prince , est toujours forcé de se rendre où le devoir l'appelle.

— Je suis parfaitement de l'avis

de votre altesse, et personne n'est plus que moi pénétré du principe que la première vertu d'un militaire consiste dans l'obéissance. Aussi suis-je entièrement résigné.

— Cependant, mon cher comte, si vous m'en croyez, avant de partir, écrivez un mot de consolation à votre nièce : une lettre de vous adoucira sa peine. Tandis que vous allez vous occuper de ce soin, je vais donner quelques ordres à mes gens. »

Dès que le général eut terminé sa lettre, il chargea madame Lambert de la remettre à Louise.

— « Je compte assez sur votre bonté, madame, lui dit-il, pour être persuadé que vous prodiguerez vos soins à ma nièce. Dans le cas où sa santé serait altérée, engagez-

la à rester ici tout le temps nécessaire à son rétablissement. Je vais
vous laisser une somme sur laquelle
vous prélèverez vos dépenses et les
frais qu'occasionnera son retour à
Paris. »

Herfort n'épargna point l'argent
pour engager le concierge et sa
femme à remplir ses intentions à
l'égard de Louise. Il leur recommanda de lui peindre les regrets
qu'il éprouvait d'être forcé de partir aussi précipitamment. Baptiste
étant venu lui dire que le prince
l'attendait, il se disposa enfin à
quitter le fort. Il se rendit avec Murat à Strasbourg, où ils montèrent
dans la même voiture, et partirent
pour leur destination.

Tandis que le sommeil de Louise
se prolongeait, madame Lambert

se tenait au chevet de son lit, prête
à lui faire prendre, à son réveil, le
cordial que le chirurgien avait préparé; mais elle ne sortit de son assoupissement que vers les deux heures du matin. Elle fit d'abord quelques mouvemens qui annonçaient
que l'effet du breuvage allait cesser.
Elle rouvrit ensuite les yeux et regarda autour d'elle d'un air étonné;
mais, lorsqu'à la lueur de la lampe,
elle aperçut madame Lambert, elle
se mit sur son séant, la regarda
fixement, sans la reconnaître, et
prononça quelques paroles entre-
coupées.

— « Qui êtes-vous? dit-elle.....
Chez qui suis-je?.. Je le croyais là,
auprès de moi... Il est donc encore
absent?... Mais non... c'était bien
lui.... il m'a parlé.... Suis-je enfin

arrivée?.. Que ce voyage est long!..
Je vais le revoir... Herfort! Herfort! où est Herfort?

— Reprenez vos sens, mademoiselle; après votre accident, vous
avez besoin de calme.

— Que m'est-il donc arrivé?....
Ah! je me le rappelle... je sais où
je suis maintenant... Je vous reconnais, bonne dame; c'est vous qui
m'avez reçue en arrivant ici. Votre
servante m'a fait boire une liqueur
qui m'a fort incommodé.... Je me
sens encore très-oppressée.... J'ai
dormi d'un sommeil si agité! Je
crois même qu'on est venu le trou-
bler... j'ai une idée confuse... Herfort!.... Mais non, cela n'est pas
possible.... c'était un rêve, sans
doute.... Mon Dieu! comme j'ai la

poitrine en feu !... une soif ardente me dévore.

— Prenez ce breuvage, mademoiselle.

— Un breuvage ! j'en ai pris un qui m'a rendue bien malade !

— Celui-ci produira le contraire : c'est une potion qu'un habile chirurgien a préparée pour vous. Prenez-la, croyez-moi ; elle rafraîchira vos sens. »

Louise prit le breuvage et ne tarda pas à en ressentir les effets salutaires. Son sang circula plus librement ; son cerveau se dégagea peu à peu des vapeurs qui le troublaient ; sa respiration devint plus facile ; ses membres reprirent leur souplesse ordinaire, et sa vue s'éclaircit de manière à pouvoir parfaitement distinguer les objets dont elle était environnée. Elle aperçut, sur la table de nuit, à côté de la lampe, une lettre dont la suscription était à son adresse.

— « Que vois-je ! s'écria-t-elle, l'écriture du général !

—Oui, mademoiselle, c'est monsieur votre oncle qui, avant de partir avec le grand-duc de Berg, m'a recommandé de vous remettre cette lettre à votre réveil.

— Il est parti, dites-vous ?

— Lisez donc, mademoiselle ; vous allez apprendre une nouvelle qui vous fera plaisir : vous verrez comment l'empereur récompense les services de monsieur le comte. »

Elle lut, avec la plus grande agitation, ce qui suit :

« Ma chère Louise,

» Faut-il qu'un acte de bienveil-

» lance de sa majesté pour moi
» vienne tout-à-coup me ravir à ce
» que j'ai de plus cher au monde !
» A mon retour de Cassel, tu ne fai-
» sais que d'arriver. L'état dans le-
» quel je t'ai trouvée m'a vivement
» contrarié. Je me flattais, néan-
» moins, d'avoir le bonheur de t'em-
» brasser à ton réveil ; mais le sort
» en a décidé autrement. Dès le
» point du jour, le prince Murat est
» venu m'apporter mon brevet de
» général de division, avec l'ordre
» précis de le suivre sur-le-champ
» à Bayonne, où l'empereur nous
» attend. Je pars, ma chère Louise,
» avec le regret d'être forcé d'ajour-
» ner encore notre mariage. Te don-
» ner le titre d'épouse était depuis
» long-temps le plus ardent de mes
» vœux : maintenant c'est un devoir

» que l'honneur m'impose, car je te
» dois un aveu... Je t'ai visitée cette
» nuit, et pendant le sommeil où tu
» étais plongée, j'ai osé m'abandon-
» ner au délire de ma passion. *Je te*
» *dois une prompte réparation ;* elle
» aura lieu dès que les circonstan-
» ces nous favoriseront.

» Adieu, cher ange ; compte sur
» ton fidèle amant,

» Le général de division,

» Comte d'Hérouville. »

La lecture de cette lettre excita
dans l'âme de Louise un mouvement d'indignation que néanmoins
elle ne fit point éclater, et qui fut
suivi d'un accès de douleur. Pro-
fondément humiliée d'avoir à rougir de la conduite d'un homme dont
jusqu'alors le caractère lui avait

paru sublime, elle était accablée sous le poids de la honte. Quoique sa consience ne lui fît aucun reproche , elle éprouvait un chagrin aussi vif que si elle eût été coupable. Son aveugle confiance lui semblait condamnable. Elle ne se pardonnait pas l'imprudence qu'elle avait commise en exposant sa vertu à une telle épreuve. Ces tristes réflexions la préoccupaient sans cependant lui arracher une plainte; mais, malgré les efforts qu'elle faisait pour ne point faire connaître le véritable motif de son désespoir, elle ne put enfin retenir ses larmes, et chercha vainement à cacher sa confusion en se couvrant le visage avec ses mains.

— « Permettez-moi , mademoiselle , lui dit madame Lambert , de

vous faire une observation. Il est
certain que vous avez lieu d'être
contrariée de ce qui vous est arrivé.
Sans doute, il est fort désagréable
pour vous de venir de Paris dans
l'intention de passer quelque temps
auprès de monsieur votre oncle, et
d'être obligée d'y retourner sans
avoir pu le voir un seul instant.
Quand je pense à cela, je suis fu-
rieuse contre Germaine, qui est la
cause de cette mésaventure. Mais
en réfléchissant au motif qui a forcé
M. le comte de se séparer de vous,
cela devrait vous consoler. Songez
donc, mademoiselle, qu'il est nommé général de division, qu'il voyage avec le beau-frère de sa majesté,
et qu'il va rejoindre, avec son altesse, l'empereur qui les attend à
Bayonne. Il me semble que c'est un

coup de fortune pour votre oncle.
A votre place, moi, je serais enchantée ; car il est évident que le
général est appelé aux plus hautes
faveurs.

— Vous avez raison, madame,
répondit Louise en essuyant ses
larmes... Oui, j'ai tort de m'affliger.
Mais que voulez-vous..... j'étais
venue ici dans une autre espérance :
le but de mon voyage est manqué,
et j'en suis vivement affectée. Au
surplus, maintenant je n'ai rien de
plus pressé que de retourner à Paris,
et je désire que votre mari aille retenir ma place à la diligence. Je me
mettrai en route dès ce soir, s'il
est possible.

— Vous n'y pensez pas, mademoiselle ! Vous devez être trop fa-
tiguée pour partir aujourd'hui.

Croyez-moi, restez quelques jours avec nous : nous serons aux petits soins pour vous.

— Je vous remercie beaucoup, madame, et je suis bien sensible à vos attentions ; mais il m'est impossible de profiter de vos offres. Si vous voulez m'obliger, c'est de satisfaire à ma demande. C'est un parti pris, je veux partir aujourd'hui même.

— Allons, puisqu'il n'y a pas moyen de vous faire changer de résolution, je vais communiquer vos ordres à mon mari. »

Madame Lambert sortit, et quand Louise fut seule, elle donna un libre cours à ses larmes. Cependant le calme rentra peu à peu dans son âme : elle jeta de nouveau les yeux sur la lettre d'Herfort, et fixa surtout son attention sur les mots qui se trouvaient soulignés : « *Je te dois une prompte réparation.* » Cette phrase, relue cent fois, finit par éteindre son ressentiment. Quoiqu'elle trouvât très - répréhensible la conduite de son amant, elle lui pardonna, persuadée qu'il s'empresserait de tenir sa promesse. C'est dans cette disposition que madame Lambert la retrouva en retournant auprès d'elle.

— « Votre désir sera bientôt rempli, mademoiselle, lui dit-elle : mon mari est allé à Strasbourg pour retenir votre place, et vous partirez ce matin à huit heures ; mais vous ne vous mettrez pas en route sans avoir déjeuné, et j'espère que vous allez y faire honneur, car vous n'avez rien pris depuis votre arrivée ici. »

2.

Elle déjeuna effectivement avec assez d'appétit. Quand le vieux Lambert vint lui annoncer que sa place était retenue, elle se leva de table, le remercia, ainsi que sa femme, des soins qu'ils lui avaient prodigués, et se hâta de sortir de Kehl. Le concierge l'accompagna jusqu'à la voiture qui, à huit heures précises, prit la route de Paris.

CHAPITRE II.

—

Robert, qui venait d'être nommé chef de bureau dans son ministère, n'en continua pas moins à faire des spéculations lucratives, et même à exercer l'usure. Néanmoins, quoi-

que ses affaires prospérassent, il
n'était pas heureux. Tant que Louise
était restée éloignée d'Herfort, il
avait espéré que son mariage avec
le comte n'aurait pas lieu, et comptait même trouver quelque moyen
de la perdre dans son esprit; mais
depuis son voyage pour Kehl, il se
voyait à regret obligé de renoncer
à elle. Persuadé qu'elle était déjà
l'épouse du comte, une tristesse
mortelle s'était emparée de son
âme, sur laquelle la raison ne pouvait plus reprendre son empire.
Quoique convaincu de l'éloignement qu'il lui avait toujours inspiré,
il se flattait que si elle n'eût pas
connu le comte, elle eût fini par
consentir à lui donner sa main.
Cette idée empoisonnait son existence, et, au milieu des faveurs de

la fortune, il était le plus malheureux des hommes. Depuis une quinzaine de jours, Louise était de retour à Paris, sans qu'il en fût informé : il l'eût peut-être ignoré
long-temps encore, sans une lettre
que le comte lui adressa de
Bayonne.

Robert, transporté de joie d'apprendre l'obstacle qui s'était opposé
au mariage de Louise, et son retour
à Paris, se rendit chez elle sur-le-
champ. Il la trouva triste, abattue.
Indépendamment du dérangement
de sa santé, elle était contrariée
de reparaître devant lui après la
démarche inutile qu'elle venait de
faire. Le souvenir de ce qui lui était
arrivé à Kehl la rendait confuse ;
et comme Robert la regardait fixement, elle baissa les yeux, se figu-

rant qu'il lisait sur son visage la cause de son trouble. Il lui communiqua la lettre d'Herfort, et la sollicitude du comte excita la sensibilité de Louise. Quoique ses traits exprimassent en ce moment une grande satisfaction, Robert remarqua leur altération.

— « Qu'avez-vous donc, mademoiselle ? lui dit-il ; je vous trouve changée ; vous êtes bien pâle !... Seriez-vous malade ?

— Je suis, il est vrai, un peu indisposée ; mais j'attribue mon malaise à la fatigue de mon voyage, et j'espère que ce ne sera rien.

— Il faut voir un médecin, mademoiselle ; vous ne devez point négliger votre santé. D'après la recommandation de monsieur le comte d'Hérouville, c'est à moi d'y veiller. Je vous amènerai un docteur de mes amis, qui vous indiquera le régime que vous devez suivre.

— N'en faites rien, monsieur : mon indisposition est légère, et je n'en crains pas les suites.

— Vous avez tort de dédaigner les secours de l'art... Mais, dussé-je vous déplaire, il faut que j'aille chercher ce médecin. Justement il demeure à deux pas d'ici, rue du Gros-Chenet, dans une maison qui m'appartient.

— Hé quoi ! monsieur Robert, vous êtes propriétaire !

— Oui, mademoiselle ; j'ai fait cette acquisition il y a quelques mois, et je me propose d'y venir loger incessamment. Si vous le vouliez, je vous y ferais arranger un appartement que j'aurais soin de faire meubler convenablement : cela vous conviendrait mieux, selon moi, que de demeurer dans un hôtel garni. Si vous consentez à ma proposition, je suis certain que le général vous approuvera.

— Je vous remercie de votre attention ; mais je crois qu'il est de mon devoir d'attendre la présence du comté à Paris, avant de penser à faire la dépense que cela occasionnérait.

— Je dois vous faire observer que la guerre d'Espagne peut durer long-temps, et que le général n'est pas près de revenir.

— Cela se peut ; mais vous savez, monsieur, que je serai toujours disposée à me rendre auprès de lui, dès qu'il le jugera convenable.

— Cependant vous n'avez pas à vous louer de votre premier voyage, car votre santé s'en ressent. Aussi je vais de ce pas chez le docteur que je veux vous procurer : je désire qu'il vienne aujourd'hui même. »

Le médecin ne tarda pas à venir la voir ; c'était un homme dont l'air grave et l'aplomb inspiraient la confiance. Louise l'accueillit avec politesse. Elle eut soin, en lui rendant compte de l'oppression qu'elle ressentait, de lui parler du breuvage qu'elle avait pris au fort de Kehl. Ne doutant point que le dérangement de sa santé ne provînt de cette circonstance, il la traita en conséquence, et en moins de quinze jours, elle fut parfaitement rétablie.

Cependant Robert, ayant quitté son logement de la rue de Verneuil, habitait un appartement dans la maison qu'il avait nouvellement achetée. Il se félicitait d'autant plus d'avoir changé de quartier, qu'il s'était rapproché de la demeure de Louise, qu'il allait voir chaque jour, et qu'il se croyait débarrassé des fréquentes visites de Salmon, qui l'obsédait sans cesse pour lui extorquer de l'argent. Mais, quoique Robert l'eût consigné à sa porte, après s'être présenté plusieurs fois sans parvenir jusqu'à lui, il entra un matin dans la maison, après avoir eu une vive discussion avec le portier, et malgré la résistance qu'il lui opposa. Il rencontra dans l'escalier Robert qui accourait au bruit de leur dispute, et l'apostropha de la manière la plus désagréable, en le menaçant de la voix et du geste.

— « Parbleu ! mons Robert, lui dit-il, je vous trouve plaisant d'oser m'interdire votre porte. Auriez-vous oublié ce qui s'est passé entre nous ? Est-ce parce que vous croyez n'avoir plus besoin de moi, que vous cherchez à m'éviter ? Hé bien ! si vous vous êtes imaginé que nous n'avons plus d'affaires à régler ensemble , vous vous êtes joliment blousé.

— Allons , Salmon , ne faites pas esclandre , et parlez moins haut. Si vous avez quelque chose à me dire , montez chez moi ; je vous écouterai.

— Il le faudra bien , morbleu ! et j'espère que vous me donnerez satisfaction.

— Je sais d'avance ce que vous allez me demander.

— Je parie, moi, que vous ne vous en doutez pas. »

Salmon suivit Robert jusqu'au troisième étage, où était situé son appartement. Il l'introduisit dans son cabinet, le fit asseoir, et lui demanda le motif de sa visite.

— « Venez-vous encore, comme à l'ordinaire, me faire un emprunt à ne jamais rendre ?

— Hé ! mon Dieu, non ! Il ne s'agit pas de cela. Je viens seulement vous prier de me loger dans votre maison.

— Cela ne se peut pas : je n'ai point de logement vacant.

— Si fait ! Je viens de voir, sur votre porte cochère, un écriteau

portant ces mots : *Petite chambre meublée à louer.*

— Mais c'est une chambre garnie.

— C'est justement ce qu'il me faut. J'ai vendu mon mobilier pour payer trois termes que je devais, et depuis quelques jours, je suis réduit à coucher à deux sous par nuit.

— Cela prouve votre mauvaise conduite... Mais si je vous louais cette chambre, qui me garantirait le paiement du loyer ?

— Ma parole d'honneur.

— Vous voulez plaisanter, Salmon. C'est comme les cent écus que je vous ai prêtés, il y a quelque temps.

— Qui vous a dit que je ne vous les payerai point ?

—Allons, c'est trop fort!... Mais revenons à votre proposition. Vous ne pouvez pas loger ici : tous mes locataires sont des gens tranquilles, et votre genre de vie ne peut me convenir.

— J'en suis fâché, mons Robert, mais, mille tonnerres ! il faut que cela vous arrange. Que diable ! vous savez bien qu'il serait dangereux pour vous de me pousser à bout. Je ne suis pas propriétaire, moi, et n'ayant rien à perdre, je n'ai rien à ménager.... Voyons, il faut en finir : voulez-vous me loger, oui ou non ?

—Hé bien ! oui, mais à condition que vous vous conduirez sagement, et que vous ne rentrerez pas trop tard.

—Je vous le promets, ma parole

d'honneur.... Quant au loyer, je ne le payerai pas d'avance, comme cela se fait ordinairement ; mais, foi d'homme, vous ne perdrez rien pour attendre. »

Robert, malgré sa répugnance, installa Salmon dans la chambre qu'il demandait à habiter. Quoique située au cinquième étage, elle était commode, fraîchement décorée, et garnie de bons meubles.

Cependant le comte d'Hérouville envoya de Madrid à Robert plusieurs lettres pour Louise ; mais le perfide se garda bien de les lui remettre : il se permit même de les décacheter. Louise, inquiète de ne recevoir aucune nouvelle de son amant, tomba dans une tristesse mortelle. Le chagrin qui la minait finit par détruire sa santé. Pour surcroit de malheur, quatre mois après son voyage, des symptômes de grossesse se déclarèrent chez elle. Le médecin, qui la visitait assidument, lui ayant confirmé ce qu'elle redoutait à cet égard, son désespoir fut au comble. Elle était continuellement en pleurs, et la présence de Robert n'était qu'un surcroit à ses peines. Cet homme ne lui laissa pas ignorer qu'il connaissait sa position, dont il accusait Herfort, et ne cessa de l'alarmer sur le peu de sincérité de celui qu'il appelait son séducteur.

— « Dans tous les cas, mademoiselle, ajoutait-il, un véritable ami vous restera ; Robert vous sera dévoué jusqu'à son dernier jour.

— Ah ! si j'étais trompée, j'en mourrais.

— Et votre enfant?

— Hélas ! vous me rappelez le plus sacré de mes devoirs ; oui, je dóis vivre pour mon enfant... Mais à quoi bon me tourmenter? Herfort est incapable de manquer à l'honneur, et c'est lui faire injure que de douter de sa loyauté. »

Louise reçut la visite de Dubois, qu'elle n'avait pas vu depuis long-temps. Il venait lui apporter des nouvelles de son père.

— « Mademoiselle, lui dit-il, Gérard est toujours le même. Serait-il aux Antipodes, il faut qu'il fasse parler de lui! Tous les journaux d'aujourd'hui font mention de sa belle conduite au siége d'Amantea, dans la Calabre citérieure. C'est lui qui, après être monté le premier à l'assaut, est entré dans la ville à la tête de la légion corse. Il a été frappé d'une balle sur la brèche ; mais heureusement sa blessure n'est point dangereuse. Votre père est si avantageusement cité dans un rapport adressé par le général Verdier au ministre de la guerre, qu'il est probable que l'empereur le rappelera dans la garde. Je me suis empressé de venir vous informer de ce qui le concerne, persuadé que cela vous serait agréable. »

Si, d'un côté, cette nouvelle fit plaisir à Louise, elle ne laissa pas que de lui causer une grande inquiétude, en pensant que Gérard avait été blessé. Cependant Dubois la rassura, en lui répétant qu'il ne l'avait été que légèrement. Louise était extrêmement gênée en présence de l'ami de son père. Sa contenance

(45)

était d'autant plus embarrassée qu'elle cherchait à lui cacher sa grossesse. Lorsqu'il se retira, elle lui annonça qu'elle allait passer quelques mois à la campagne, et, dès ce moment, elle prit la résolution de changer de quartier, pour ne plus avoir à rougir, devant certaines personnes, de l'état où elle se trouvait. Elle ne tarda pas à quitter son hôtel, et prit un petit logement dans une maison garnie, rue de la Vieille-Bouclerie. Robert fut le seul à qui elle fit connaître sa nouvelle demeure.

Vers cette époque, il arriva dans sa maison un événement dont il sut tirer parti. Salmon, en rentrant chez lui, aperçut, en passant devant la cuisine du locataire du quatrième étage, quelques pièces d'argenterie

déposées sur une table, et conçut
le dessein de les dérober. Muni
d'une pince, dont il s'était déjà
impunément servi dans une autre
occasion, il se cacha dans le fond
d'un corridor, d'où il épia l'instant
où il pourrait commettre le crime
qu'il méditait. Voyant enfin une
servante sortir de la cuisine et des-
cendre les escaliers, il saisit ce moment pour faire sauter la serrure
de la porte et s'emparer de l'argenterie, qui consistait en cinq couverts. Il les vendit à un brocanteur
qui lui en donna moitié de leur valeur. Il alla ensuite risquer le fruit
de son vol à la roulette. Cependant
la servante, s'étant aperçue, en rentrant, de la soustraction de l'argenterie, en avertit son maître, qui fit
sur-le-champ sa déposition chez le

commissaire de police du quartier. D'après ses perquisitions, il fut constaté que Salmon était sorti de la maison comme le vol venait d'être commis. La police ayant été mise sur ses traces, il fut arrêté, le soir même, rue Saint-Honoré, à l'hôtel d'Angleterre, où il soupait avec deux filles publiques. Les effets dérobés furent également retrouvés, et le lendemain, Salmon et l'homme qui lui avait acheté ces objets furent écroués à la Force. Cette aventure fit naître une idée infernale dans l'esprit de Robert.

— « Voilà, se dit-il, une occasion que je ne dois pas laisser échapper. Elle sert merveilleusement mes projets, et je n'aurais pas mieux combiné les choses, si j'eusse été le maître de les diriger à mon gré....

Voyons, relisons ces pièces d'écriture que Louise, à l'âge de quinze ans, copiait dans les romans.... Je me rappelle une certaine lettre qui m'est tombée sous la main il y a quelque temps, et dont, si j'ai bonne mémoire, je puis maintenant faire usage. »

Il chercha, parmi les papiers qu'il avait conservés, l'écrit qui avait fixé son attention.

— « Bon ! s'écria-t-il avec joie, la voici, cette précieuse lettre ; elle porte la signature de Louise. Il s'agit d'une fille qui, prête à devenir mère, écrit à son amant, détenu en prison. Son amant se nomme Valmon ; il ne me sera pas difficile de faire une S d'un V.... Hâtons-nous d'arranger cette affaire.

En quelques minutes, le nom de

Salmon fut substitué à celui de *Valmon.*

— « Bravo ! dit-il en contemplant son ouvrage... Qui pourrait se douter de la supercherie ? Cette lettre paraît parfaitement coïncider avec la situation de Louise et celle de Salmon. Quelle idée lumineuse ! Louise ! jamais le comte d'Hérouville ne t'épousera, et bientôt tu seras trop heureuse d'implorer mon appui. »

Le temps s'écoulait, et Louise, qui ne recevait aucune lettre d'Herfort, était dans une grande anxiété. Robert, loin de chercher à dissiper ses craintes, entretenait sa douleur en lui parlant sans cesse de l'inconstance des grands. Elle passait des journées entières à verser des larmes, et plus le terme de sa gros-

sesse avançait, plus elle était péné-
trée de son malheur. Rougissant de
sa position, elle évitait la société et
vivait dans la plus grande retraite.
Elle s'occupait seule de son mé-
nage, et n'avait, pour l'aider dans
les détails domestiques, qu'une portière qui lui faisait en outre ses com-
missions. Un jour, ayant fait monter chez elle une voie de charbon,
comme elle en remettait le prix au
charbonnier qui la lui avait appor-
tée, cet homme se mit à rire aux
éclats, en la considérant depuis la
tête jusqu'aux pieds.

— « Hé ! hé ! hé ! s'écria-t-il,
aurai-je-ti par hasard la berlue ?...
Mais non ; c'est elle... c'est bien c'te
belle Louise que j'ai connue si petite, si gentille ; c'est la nièce de
mon cousin Bontemps, la fille du

brave Gérard, qu'on dit comm'çà
qu'est devenu coronel.

— Quoi ! monsieur, vous seriez...

— L'père Thomas, quoi !... Est-
ce que vous ne me reconnaissez
pas ?... Ah ! c'est pas étonnant, j'ai
la figure noire de charbon.

— Oui, monsieur Thomas, je
vous remets... Il me suffit d'ailleurs
d'entendre votre voix.

— Mais, diable ! qu'est-ce que je
vois là ? Dites-moi donc, Louise,
pourquoi votre tablier relève-ti
comm'çà ? Il paraît que vous bâtis-
sez sur le devant et que vous logez
déjà un petit locataire.... Quel est
donc le luron qui vous a mise dans
cet état ?

— Monsieur Thomas, vous pourriez me parler plus honnêtement.

— Tiens, c'te péronnelle qui s'fâchc, à présent!... Parbleu! d'après c'que j'vois, ça vous va bien de faire la mijaurée, surtout avec un parent.... Vous devriez vous rappeler, ma mie, que je n'aime pas les bégueules.

— Je vous croyais incapable de m'insulter.

—Pardon, excuse; je n'veux pas vous faire d'la peine.... Quoiqu'ça m'fait, à moi, que vous ayez des amoureux? Oh! pour ça, vous êtes ben la bourgeoise; j'n'y veux pas fourrer mon nez, et pour vous l'prouver; j'veux, p'tite méchante, faire ma paix avec vous. Je raconterai not' rencontre à mon cousin Bontemps, qui n'sait où c'que vous êtes passée... Ça l'fera ben rire, car c'est un fier gaillard. Adieu, la p'tite mère : recevez mon compliment;

foi d'homme, ça vous va-t-à ravir tout d'même, c'te p'tite butte.... Tiens, comme vous m'faîtes la moue!.... Allons, j'vas me retirer; mais il faut auparavant que je vous embrasse. »

Il s'avança sur elle pour lui appliquer un baiser; mais Louise, effrayée de ses manières brutales, fit un pas en arrière pour l'éviter, et glissa sur le carreau en jetant un cri. Une femme entra précipitamment dans la chambre et courut au secours de Louise, qui venait de s'évanouir. Elle la mit sur son lit, lui fit respirer du vinaigre, lui en frotta les tempes, et la délaça. Puis, se retournant vers le charbonnier, elle lui fit de vifs reproches.

— « Il faut convenir, lui dit-elle, que vous êtes un être bien grossier!

Voilà un quart-d'heure que, de ma chambre qui est à côté, je vous entends tenir à cette jeune dame les propos les plus indécens. Il faut que vous ayez bien peu de respect humain pour oser insulter une personne aussi intéressante!

— Tiens! tiens! madame l'embarras!... D'où sort-elle donc c'te grande efflanquée, avec sa robe en loques et son spincer troué?

— Peut-on avoir si peu d'égards pour une femme!

— Est-ce ma faute, à moi, si c'te sucrée s'effarouche du p'tit mot pour rire? Faut-il que j'prenne des mitaines pour lui parler? Dailleurs, elle a vu l'loup celle-là : elle ne ferait pas tant de grimaces si, au lieu d'un charbonnier, un mirliflor cherchait à l'embrasser.

— Vous êtes un impertinent; si vous ne sortez pas d'ici à l'instant, je vais appeler le maître de la maison.

— Allons, n'vous fâchez pas; j'vas débarrasser le plancher... Adieu. »

Comme il se retournait pour sortir, il resta stupéfait en apercevant, auprès de la porte, Robert qui le regardait d'un air courroucé.

— «Il faut, Thomas, lui dit-il, que vous soyez un fier butor, pour oser faire ici une scène semblable. J'ai tout entendu de l'escalier, et je trouve votre conduite impardonnable.

— J'viens d'faire là une fière brioche, monsieur Robert; mais je n'savions pas non plus qu'vous étiez l'amoureux de Louise.

— Imbécile!

— J'sais ben que si vous voulez vous venger, il ne tient qu'à vous; mais vous êtes trop brave homme, n'est-ce pas, pour le faire. Il y a assez long-temps qu'vous m'connaissez pour être sûr de ne rien perdre avec moi. Vous m'aviez presque promis, hier, de n'pas m'poursuivre pour l'billet d'cent écus que j'n'ai pas pu vous payer à son échéance. Si vous m'faites saisir, vous m'réduirez à la paille, moi, ma femme et mes quatre enfans.

— Allons, sortez! Vous aurez bientôt de mes nouvelles.

— Je suis un homme perdu !

— Si vous vous avisez d'indiquer à Bontemps la demeure de sa nièce, je ne vous ménagerai point.

— Gn'y a pas de danger.... Diable! du moment qu'elle vous intéresse comm'ça, pas si bête de

faire une chose qui vous déplairait.
Je m'en vas ; mais, j'vous en prie,
monsieur Robert, n'allez pas m'faire
d'la peine.... J'me recommande à
vous au nom d'ma famille.

— C'est bon, c'est bon ; allez-
vous-en. »

Thomas se retira, persuadé que
Louise était la maîtresse de Robert.
Il se reprochait d'avoir maladroi-
tement irrité un homme qui pouvait lui nuire ; mais comme il connaissait sa cupidité, il espérait entrer en arrangement avec lui en
renouvelant, à gros intérêts, le
billet qu'il lui avait fait.

Les secours que Louise venait de
recevoir la rappelèrent à la vie. Lorsqu'elle rouvrit les yeux, son premier mouvement fut de témoigner

sa reconnaissance à celle qui lui prodiguait ses soins.

— « Que ne vous dois-je pas, madame ! lui dit-elle ; sans vous, j'allais succomber.... Je me sentais mourir.

— Je suis heureuse d'avoir pu vous être utile. »

Dès que Robert fut parti, Louise se coucha. Quand elle se sentit plus calme, elle fixa ses regards sur la dame inconnue qui s'était assise à son chevet. Cette femme était jeune et belle ; mais son teint décoloré, ses joues creuses, ses lèvres flétries, ses yeux languissans, son corps amaigri et ses vêtemens usés étaient autant d'indices de son extrême indigence.

— « Vous me considérez bien attentivement ! dit-elle à Louise....

Ma misère vous répugne peut-être? C'est une chose si hideuse que la misère !

— L'on peut être malheureux sans cesser d'être estimable.

— Lorsqu'on a conservé l'estime de soi-même, on n'est point malheureux... Quant à moi, hélas ! tout espoir de bonheur m'est ravi pour jamais.

— Il paraît que votre sort n'a pas toujours été le même.

— Si les faveurs de la fortune et les affections de famille peuvent contribuer au bonheur de la vie, j'ai joui de ces précieux avantages... Mais des circonstances déplorables ont détruit mon avenir... Je suis désormais condamnée à traîner mon existence dans l'opprobre et la misère.

« —Vous m'inspirez, madame, le plus vif intérêt.... Mais, que vois-je!... vous pleurez!... Ah! si je pouvais soulager vos maux!

— Impossible!... Mais on vient; excusez-moi, je vous prie, de vous avoir entretenue de ma position, quand la vôtre doit m'occuper uniquement.... Voici, je crois, votre médecin. »

C'était effectivement le docteur. Ayant trouvé Louise dans une agitation qui lui donnait quelque inquiétude, il lui prescrivit une boisson dont elle devait prendre une tasse d'heure en heure, et se retira en promettant de revenir le lendemain. La dame inconnue prépara elle-même cette boisson, et resta toute la nuit auprès de la malade, dont elle prit le plus grand soin.

Le jour suivant, Louise fut saignée, et une semaine suffit pour son rétablissement : elle continuait néanmoins à ressentir fréquemment des souffrances qui n'étaient que le résultat de sa grossesse. Sa voisine, qui ne l'avait point quittée un seul instant pendant qu'elle était malade, passait encore des journées auprès d'elle ; mais dès que la nuit venait, elle sortait et ne rentrait que fort tard.

Un soir , Robert entra chez Louise d'un air empressé, et lui fit part d'une circonstance qui piqua vivement sa curiosité.

— « Je viens, mademoiselle, lui dit-il, de faire une étrange découverte. Vous avez, sans doute, déjà remarqué une mendiante qui, dès la nuit tombante, se tient habituellement auprès du passage Feydau, vis-à-vis de la rue Vivienne, et chante des romances.

— Oui, je l'ai vue plusieurs fois : c'est une grande femme qui est toujours couverte d'un long voile noir : elle a une voix magnifique et chante avec beaucoup de goût. Tous les passans s'arrêtent pour l'entendre.

— Hé bien ! devinez quelle est cette malheureuse.

— Je ne crois pas la connaître.

— C'est votre voisine.

— Quoi ! ce serait cette excellente femme à qui j'ai tant d'obligations !

— Oui, mademoiselle. Le vent ayant agité son voile de manière à laisser une partie de son visage à découvert, j'ai reconnu ses traits à la lueur du reverbère.

— Pauvre dame ! si jeune encore, si belle, et réduite à un tel degré d'abaissement !... Que je la plains ! Ses manières, son langage, son instruction, tout annonce qu'elle est d'une bonne famille. Il suffit de la voir pour l'aimer. Je sais qu'elle a éprouvé de grands malheurs ; mais elle n'est nullement disposée à me les faire connaître. Il m'est arrivé plusieurs fois, la voyant accablée de tristesse, de lui demander la cause de ses chagrins ; mais, pour toute réponse, elle a versé des larmes. Loin d'insister, j'ai toujours cherché à distraire sa douleur, et je n'y suis parvenue qu'en lui offrant l'occasion de me rendre quelques services.

— Il est pourtant essentiel de savoir ce que c'est que cette femme.

Vous êtes assez bien avec elle, mademoiselle, pour chercher à lui arracher son secret.

— Je m'en garderai bien. Je respecte trop sa douleur pour commettre une semblable indiscrétion. Je veux me borner à soulager sa misère; et maintenant que je connais le motif qui la force à sortir tous les soirs, j'espère bien l'empêcher de recourir au moyen qu'elle emploie pour pourvoir à son existence. »

Le lendemain, Louise redoubla d'attention pour l'étrangère, et quand elle la vit faire ses dispositions pour sortir vers la nuit comme à son ordinaire, elle la retint auprès d'elle.

— « Il faut que je vous gronde, madame, lui dit-elle. Savez-vous

que ce n'est pas bien de votre part
de me laisser seule tous les soirs?
Quand vous n'êtes plus avec moi,
tout me manque, l'ennui me gagne,
et je passe des heures entières à
pleurer; mais dès que je vous vois,
votre société me console.

— Il y a donc entre nous une
grande sympathie; car si je n'écou-
tais que mon penchant, je ne vous
quitterais jamais... Mais que voulez-
vous? la nécessité me force à sortir
tous les soirs.

— Je connais le motif de ces
sorties nocturnes. Au nom de l'a-
mitié que je vous porte, renoncez
à cette habitude.

— Je ne le puis.

— Croyez-moi, madame, ne re-
tournez plus dans la rue Vivienne.

— Quoi! vous savez?...

— Oui, je sais que vous n'êtes pas heureuse ; mais vous avez une amie qui désire partager avec vous le peu qu'elle possède. Il faut, dès ce moment, que nous vivions ensemble comme deux sœurs. Excusez-moi, madame, si j'ose vous parler franchement ; mais il est évident que vous êtes dans le plus grand dénûment. Tenez, ajouta-t-elle en ouvrant les tiroirs de sa commode et une malle remplie d'effets, tout ce que j'ai est à votre service. Voici du linge, des robes, des camisoles et tous les objets dont une femme peut avoir besoin. Si vous êtes privée du nécessaire, moi, j'ai le superflu, et c'est un grand plaisir pour moi de pouvoir vous tirer de l'état déplorable auquel vous êtes réduite. Je veux aussi faire bourse commune avec vous. J'espère, madame, que vous ne serez point humiliée d'une offre faite de cœur par une personne qui vous aime autant qu'elle vous considère. »

L'inconnue fut si touchée de la générosité de Louise, qu'elle versa des larmes d'attendrissement. Elles trouvèrent un moment de consolation dans l'effusion de leur tendresse réciproque. Louise mit sur-le-champ sa garde-robe à la disposition de son amie, et voulut porter elle-même du linge dans le cabinet qu'elle occupait sur le même palier; mais, en y entrant, elle resta stupéfaite.

— « Quoi! ma chère dame, c'est sur un tel grabat que vous couchez! Quelle pitié!... Mais ce lieu n'est point habitable... C'est un grenier qui n'offre aucun abri contre l'inmé-tempérie des saisons.

— Il est vrai qu'ici rien ne garantit de l'air ni de la pluie; mais mes moyens ne permettent pas de loger autrement.

— Cessez, ma chère dame, d'habiter un endroit si malsain. Venez vous installer chez moi. Vous partagerez mon lit cette nuit, et demain je vous en ferai dresser un dans le cabinet qui dépend de mon logement. »

Cette proposition fut acceptée avec de nouvelles marques de reconnaissance. Dès ce moment, leur amitié devint plus tendre, plus vive, plus communicative. Louise n'eut plus rien de caché pour sa voisine, devenue sa compagne. Elle

lui fit, sans aucune réticence, le
récit de ce qui lui était arrivé depuis l'âge le plus tendre jusqu'à son
retour de Kehl, et lui fit même lire
la lettre qu'Herfort lui avait écrite
avant de s'éloigner d'elle. Ayant
néanmoins remarqué l'impression
que certaine partie de sa narration
avait causée à son amie, elle crut devoir lui en demander l'explication.

— «Ma chère dame, lui dit-elle,
permettez-moi de vous faire une
question. Pourquoi donc avez-vous
paru si troublée, quand je vous ai
parlé des relations que j'ai eues avec
M. Ravel et sa famille? J'ai ob-
servé que, tandis que je vous en-
tretenais de ces braves gens, vous
éprouviez la plus grande agitation.
Vous avez changé plusieurs fois
de visage, et même j'ai vu le mo-

ment où vous alliez vous trouver mal. Il semblait, en vérité, que ce nom de *Ravel* vous mettait hors de vous. Si vous connaissez cet homme respectable, il est bien étrange que ce que je vous en ai dit ait produit un tel effet sur vous.

— Hélas ! mademoiselle, comment aurais-je pu garder mon sang-froid en ce moment ? M. Ravel est mon parrain ; c'est l'ancien associé de mon père, et je ne puis entendre prononcer son nom sans rougir.

— Vous êtes donc la fille de M. Bremmer ?

— Oui, je suis Cécile Bremmer, dont Amélie vous a parlé si souvent, et qui s'est tant de fois parée des ajustemens et des modes qu'elle vous a fait faire ; je suis cette fille qu'on citait à Hambourg comme un modèle de vertu, et dont on vantait sans cesse les grâces, l'esprit et les talens ; je suis la femme que M. Charles devait épouser, enfin mon père est millionnaire et je suis réduite à demander l'aumône.

— Infortunée !...... Comment se fait-il que vous soyez tombée dans une si profonde misère ?

— Par une suite d'événemens bien funestes !

— Qui vous empêche de retourner chez votre père ?

— Mon père ! si j'osais reparaître devant lui, il me chasserait.

— Que n'allez-vous réclamer l'assistance de M. Ravel ! Il est généreux, compâtissant. Il ne reste qu'à dix lieues de Paris, au château de Roussy-le-Sec.

— Je le sais...... Mais son cœur m'est fermé comme celui de mon père. Je n'ai plus de refuge que dans le sein de votre amitié.

— Malheureuse ! qu'avez - vous donc fait ?

— Je me suis rendue coupable d'une faute irréparable... Un monstre que l'enfer a vomi sur la terre pour consommer ma ruine m'a entraînée dans l'abîme. Il m'a ravie à ma famille, et m'a tellement compromise, que je suis devenue un objet d'opprobre pour toutes les personnes qui m'étaient chères.

— Vous me faites frémir , ma chère Cécile ! Vous avez donc été bien trompée ?

— De la manière la plus cruelle... Enfin, faut-il vous le dire ?..... j'avais associé mon sort à un infâme ;

cet homme a commis un crime
atroce, et j'aurai toute ma vie à
rougir de m'être laissée séduire par
l'être le plus vil de la terre... Mais,
Louise, je vous en ai trop dit.......
Vous allez peut-être me retirer votre estime et me maudire, comme
l'a fait M. Ravel. Privée de votre
amitié, je n'aurai plus désormais
qu'à mourir.

— Rassurez-vous, ma chère Cécile; vous m'inspirez trop de confiance et d'intérêt pour que je cesse
de vous aimer... Mais quel est donc
ce crime dont votre ravisseur s'est
rendu coupable?

— Ah! Louise...... que me de-
mandez-vous? Jamais je ne révé-
lerai ce forfait abominable... Je vous
en conjure, épargnez-moi de sem-
blables questions! Qu'il vous suffise

de savoir que je n'ai point participé à l'attentat commis par ce misérable. Par suite de ma liaison avec cet homme, je suis condamnée à passer le reste de ma vie dans l'obscurité : mais, Dieu aidant, j'espère, en travaillant, suffire à mes besoins.

— Quels moyens comptez-vous employer pour cela?

— Ceux que j'ai acquis par l'éducation que j'ai reçue…. je me propose d'enseigner la musique. »

Le comte devint le sujet des fréquens entretiens de ces deux femmes intéressantes, dont les liens d'amitié se resserrèrent chaque jour davantage. Robert, contrarié de ce que Louise avait fait en faveur de Cécile, se permit plusieurs fois de blâmer sa générosité envers une femme qu'elle ne connaissait point,

dont elle ignorait les antécédens,
et qui pouvait être une intrigante ;
mais Louise s'étant formalisée de
ce qu'il se mêlait d'une chose qui
ne le regardait point, il cessa de
faire des observations à cet égard,
et, changeant bientôt de manières
et de langage envers Cécile, il chercha à lui être agréable, dans l'espoir de la mettre dans ses intérêts.
Cécile avait pris le nom de madame
Rémy, et se faisait passer, dans la
maison où elle logeait, pour la veuve
d'un capitaine mort à l'armée. Robert, à qui Salmon venait de révéler toute la conduite d'Arnoud,
était loin de penser que la compagne de Louise fût cette malheureuse fille que son neveu avait
abandonnée après l'avoir si indignement trahie. Salmon, à la veille d'ê-

tre jugé, était détenu à la Conciergerie, où Robert allait le visiter
fréquemment.

— « Hé bien! mon pauvre Salmon, lui dit-il un jour qu'il lui ap-
portait quelques provisions, tu vois
que je ne t'oublie pas. Heureusement qu'en ma qualité de chef de
bureau de la police générale, j'entre ici comme je veux. Aussi j'ai
soin que rien ne te manque. Je t'ai
fait mettre à la pistole, et tu es
beaucoup mieux traité que tes ca-
marades.

— C'est vrai, monsieur Robert,
je dois vous rendre justice. Grâce
à vous, je suis aussi bien qu'on peut
l'être quand on est privé de sa liberté; mais bientôt peut-être m'a-
bandonnerez-vous à mon malheureux sort, et quand une fois je tri-

merai au bagne de Brest, je n'en-
tendrai plus parler de vous... Oh!
si je le savais, mille Dieux! rien ne
m'empêcherait de déclarer à la
justice tout ce que je sais de votre
neveu et même de vous. Cela ne
vous ferait guère d'honneur, et le
moins qu'il pourrait vous arriver serait d'être chassé de votre ministère.

— J'espère bien, mon ami, que
tu n'en feras rien : ce serait une
grande maladresse, car ma parole
est sacrée. Oui, je te le répète,
j'emploierai tout mon crédit pour
adoucir ton sort... D'ailleurs tu n'es
pas encore condamné.

— Ah! parbleu! c'est tout comme... Pas moyen de me tirer de
là... Cinq ans de galères, l'exposi-
tion et la marque, voilà ce qui me
pend à l'oreille.

— Songe donc, Salmon, que je
t'ai procuré un excellent avocat.

— Il aura beau plaider ma cause
comme un Cicéron, c'est comme s'il
chantait. Je vous le répète, monsieur Robert, mon affaire est clai-
re.... Cinq ans de galères!!! Rien
que d'y penser, j'en ai le frisson.

— Allons, mon ami, il faut t'ar-
mer de patience. Sois tranquille, de
près comme de loin, je veillerai sur
toi. Puisque ta destinée est de passer quelques années dans un bagne, mes bienfaits t'y suivront.
Tu sais que ma recommandation
est de quelque poids. En sortant
de là, je te promets de ne point t'a-
bandonner; mais, comme je te l'ai
déjà dit, c'est à condition que tu
seconderas mon projet.

— Mais il est infernal, votre

projet!.... Vous qui tout-à-l'heure
critiquiez ma conduite, il me semble que l'action que vous exigez de
moi est plus noire encore que celle
que vous blâmez. Vous voulez donc
absolument la perte de cette malheureuse fille ! Si vous vous pro-
posez de faire insérer dans les journaux ce que vous m'ordonnez de
publier quand je serai attaché au
poteau, elle en mourra, c'est sûr...
Songez bien, monsieur Robert, que
c'est vous qui l'aurez assassinée.
Quant à moi, je m'en lave les mains.

— C'est mon affaire ; mais ne
manque pas de suivre mes instructions. Quand tu me distingueras au
milieu de la foule, tu m'adresseras
la parole, et tu débiteras à haute
voix tout ce que je t'ai dit.

— Allons, c'est une chose convenue ; vous pouvez compter sur moi. »

Le jugement de Salmon ne tarda pas à être prononcé, et la peine qu'il devait subir fut en effet celle à laquelle il s'attendait. La veille de l'exécution de cette sentence, Robert reçut du comte d'Hérouville, qui venait d'arriver, l'invitation de venir le voir à l'hôtel Meurice, où il logeait. Robert, avant de se rendre auprès du général, se munit de l'écrit dont il comptait faire usage pour perdre Louise dans son esprit. Dès que le comte l'aperçut, il vola au-devant de lui, l'embrassa tendrement, et lui demanda des nouvelles de sa chère Louise. Robert, au lieu de répondre de suite à cette question, affecta de garder le silence, et prit un air triste et embarrassé.

— « Hé quoi ! monsieur Robert, reprit le comte avec anxiété, vous ne me répondez point !... Je veux savoir ce que Louise est devenue, et pourquoi vos dernières lettres ne contenaient pas un mot d'elle.

—Plus tard, monsieur le comte, je vous donnerai des explications à ce sujet. Mais, dites-moi.... vous arrivez donc d'Espagne ?

—Oui, je viens de Madrid, que j'ai quitté par ordre de l'empereur... Mais parlez-moi de Louise.

—Vous saurez tout.... Et sa majesté va sans doute vous donner une nouvelle destination ?

—L'empereur, qui sait mon arrivée, vient de m'ordonner de me rendre auprès de lui.... Mais revenons à Louise.

— Ne m'interrogez pas.

4*

— Que signifie?... Allons, monsieur Robert, n'abusez pas de ma
patience ; dites-moi où est Louise.

— Elle demeure, je crois, dans
une petite rue du quartier Saint-
Jacques.

— Pourquoi a-t-elle quitté la rue
de Cléry ?

— Parce que, dans l'état où elle
se trouve, elle ne pouvait guère
rester dans une maison comme
celle-là.

— Que dites-vous ?

— Elle était grosse à pleine cein-
ture.

— Grosse !.... Comment a-t-on
pu me laisser ignorer cette circonstance ?

— Sa grossesse est fort avancée,
et d'un moment à l'autre...

— C'est-à-dire qu'elle est enceinte de sept mois, car son voyage à Kehl date de cette époque. J'étais loin de m'imaginer que je l'eusse compromise à ce point; mais tout sera bientôt réparé, et Louise, une fois mon épouse, n'aura plus de reproches à me faire.

— Quel serait votre dessein?

— De l'épouser le plus promptement possible.

— Y pensez-vous, grand dieu? Vous, épouser une fille perdue!

— Qu'est-ce à dire? Louise une fille perdue!

— Oui, monsieur le comte; mon devoir est de vous dire la vérité. Cette vile créature avait depuis long-temps pour amant un fort mauvais sujet nommé Salmon, qui, par suite d'un vol commis avec effraction, est condamné à une peine in-

famante. Ce misérable, qui logeait
dans ma maison, m'ayant fait demander, de la Conciergerie où il
était détenu, plusieurs de ses effets
restés dans son logement, je les lui
ai portés moi-même, et c'est dans
l'entrevue que nous eûmes ensemble qu'il m'a parlé de sa liaison avec
Louise, en me priant de la voir de
sa part, et de l'engager à lui envoyer
de l'argent. Considérant l'assertion
de Salmon comme une calomnie,
je l'ai traité d'imposteur ; mais, pour
me convaincre qu'il ne m'en impo-
sait point, il m'a donné une lettre
qu'elle venait de lui écrire, et que
j'ai conservée.

— Ah ça ! monsieur Robert, quel
démon vous inspire ? Vous me faites
souvenir que, dans le temps, vous
eûtes la prétention d'épouser

Louise. Si c'est pour vous venger
de ses dédains que vous osez la dé-
chirer si indignement, il faut avouer
que vous êtes un grand misérable.
Sortez de ma présence et n'y repa-
raissez jamais. Je n'aurai plus rien
de commun avec un homme capable d'une si grande noirceur.

—Vous me jugez mal, monsieur
le comte. Oui, j'en conviens, je fus
vivement épris des charmes de
Louise ; elle me paraissait alors un
modèle de vertu ; mais maintenant
qu'elle est perdue de réputation,
je rends grâce au ciel de ce qu'elle
m'a refusé pour mari.

— Oh ! c'est par trop fort ! l'infâme persiste à calomnier la vertu
même !

— Que diriez-vous, monsieur le
comte, si je vous montrais la lettre

que cette fille si vertueuse écrivit dernièrement à Salmon?

— Je dirais…. je dirais que c'est une lettre supposée…. Voyons-la cependant…. Je serais curieux de voir jusqu'à quel point on peut pousser la méchanceté.

— La voici…. Vous allez juger si c'est là une lettre supposée. »

Herfort lut ce qui suit avec la plus grande agitation :

« Mon cher Salmon,

» Depuis que tu es privé de ta li-
» berté, la vie n'a plus de charmes
» pour moi. J'étais si heureuse
» quand je te voyais chaque jour !
» Si je pouvais partager ta prison,
» je serais constamment auprès de
» toi ; mais je ne puis même sortir
» de chez moi, dans l'état où je me

» trouve. Je suis surveillée, et je
» craindrais que mon père et mon
» protecteur ne fussent informés de
» ce que j'ai tant d'intérêt à cacher
» à tous les yeux. Prends patience,
» mon cher ami ; tu seras bientôt
» libre, car ton avocat paraît cer-
» tain de gagner ta cause.

» Ton amie pour la vie,
» Louise. »

— Quelle horreur !.... Oui, je
n'en saurais douter, cette lettre est
écrite de sa main... Je ne puis croire
néanmoins à tant de perfidie... Il
est impossible que cette fille se soit
si promptement pervertie... Monsieur Robert, il en est temps encore ; si ce que je vois est le résultat de votre jalousie, faites-m'en
l'aveu ; je vous le pardonne ; mais,
pour Dieu ! ne prolongez pas mon

tourment; il est plus cruel que la mort!

— Je jure, par tout ce qu'il y a de plus sacré, monsieur le comte, que je tiens cette lettre de Salmon. Je regrette de ne pouvoir vous conduire auprès de lui; vous entendriez la vérité de sa bouche; mais il a été conduit à Bicêtre, où il est au secret, et ne reviendra à Paris que demain pour subir son jugement.

— Quel coup terrible! Louise infidèle, déshonorée, avilie!.... Mais plus j'y pense, moins je conçois cette infamie... Non, non, c'est impossible!.... J'ai beau examiner cette lettre, je ne puis en croire mes yeux... L'écriture est, il est vrai, la même que la sienne; mais ne peut-on pas l'avoir imitée?

— Si Salmon n'avait pas eu besoin de réclamer des secours de sa
maîtresse, quel intérêt avait-il de
me communiquer cette lettre?

— Tout ce que vous pourrez me
dire ne saurait me convaincre. Il
faut que je la voie ! je veux l'interroger : peut-être se justifiera-t-
elle !.... Ah ! que ne puis-je voler
auprès d'elle, et apprendre à l'instant même la vérité ! Mais l'heure
s'écoule ; l'empereur m'attend , et
je ne puis rester plus long-temps
avec vous.

— A tantôt, monsieur le comte ;
je vous conduirai chez elle ; mais ,
hélas ! elle ne mérite guères vos
regrets. »

Robert, en quittant le général,
monta dans un fiacre , et se fit conduire sur le quai des Grands-Augus-

tins, chez Trianon, traiteur, au bas
du pont Saint-Michel. Il entra dans
un cabinet particulier, se fit servir
deux couverts, et envoya chercher
Thomas, qui demeurait à l'entrée de
la rue de la Huchette, où sa femme
tenait une petite boutique de frui-
tière.

— « Tiens ! c'est vous, monsieur
Robert ! dit Thomas en entrant....
Excusez-moi ; mais, foi d'homme,
je n'croyais pas venir chez l'voisin
Trianon pour vous. L'garçon qu'est
venu m'chercher se moquait donc
d'moi, en m'disant qu'un d'mes
amis m'attendait ici pour déjeuner
avec lui ? Au lieu d'un camarade,
j'trouve un créancier.

— Il vous a dit vrai, Thomas.
Regardez-moi comme votre ami, et
non comme un créancier... Allons,

asseyez-vous là, en face de moi, et commençons par boire un coup.

— Diable ! v'là un début qui m'rassure... Voyons, buvons... A votre santé, monsieur Robert.

— A la vôtre, mon cher Thomas.

— Oh ! l'excellent vin !

— Vous allez déjeuner avec moi.

— Vous m'faites ben d'l'honneur, monsieur Robert. »

Robert fit apporter un poulet rôti, dont il servit la moitié au charbonnier.

— « Ah ça ! mon pauvre Thomas, vous savez que je me suis mis en règle pour votre billet, et que si j'étais bien méchant, je pourrais vous faire actionner.

— C'est ben là c'qui m'danne... J'suis désolé d'vous avoir emprunté ces maudits cent écus; quand j'dis cent écus, vous n'm'avez baillé pour ça que deux cent cinquante francs; le reste comprend les intérêts.

— Dame! mon ami, l'argent est si rare!... Mais vous pouvez être tranquille : loin de vous tourmenter pour le paiement de ce billet, je vous en tiens quitte, et de plus, je vais vous compter pareille somme en napoléons, si vous consentez à une proposition que je vais vous faire.

— Pour le coup, v'là une bonne affaire!... D'quoi s'agit-il donc?

— De la moindre chose : de réunir, dans le cabaret situé au coin de votre rue et de celle de la Vielle-Bouclerie, deux de vos amis, et de faire une esclandre dans le quartier.

— Quelle drôle d'idée !

— Je vais m'expliquer claire-
ment.

— Oui, dites-moi c'qui faut que
j'fasse.

— Il faut que demain matin, vous
vous rendiez, avec vos cousins Bontemps et Bardou, dans l'endroit que
je viens de vous désigner, et que
vous les fassiez boire jusqu'à l'i-
vresse.

— Oh, ça n'serait pas difficile !

— Vers midi, vous engagerez avec
eux une querelle au sujet de Louise,
dont vous direz tout le mal possible. Vous les attirerez ensuite dans
la rue, et par vos vociférations vous
ferez en sorte que les passans s'arrêtent autour de vous. Si vous me
voyez au milieu de la foule, vous
n'aurez pas l'air de m'apercevoir ;

quand je serai parti, vous pourrez mettre un terme à votre dispute.

— J'vois vot' finesse, monsieur Robert. Louise vous aura fait queuque trait, dont vous voulez vous venger..... Comm' ces jeunesses s'débauchent dans c'maudit Paris ! c'est une ville d'pardition.

— Je ne puis vous dire mes raisons; mais il faut faire ce que je vous recommande.

—Quand j'vous ai rencontré chez elle, j'ai vu comm' ça tout d'suite que vous étiez son tenant.... Oh ! c'est qu'j'ai l'nez fin, moi !

— Répondez, Thomas, puis-je compter sur vous ?

— Vous serez content, monsieur Robert.

—Allons, je vois, mon ami, que vous menerez bien cette affaire, et je ne balance pas à vous remettre ce que je vous ai promis. »

Robert lui compta quinze napoléons, et ils se séparèrent.

Madame d'Eaubonne, empressée de revoir son frère, était de retour. Elle était revenue avec la dame à qui appartenait le château où elle avait fait un si long séjour. Son mari, M. d'Aulnay, marquis de l'ancien régime, était mort depuis deux mois, dans un âge fort avancé, et madame d'Eaubonne avait décidé sa veuve à venir passer quelques années à Paris. Vers les quatre heures, comme Robert entrait dans la maison où logeait madame d'Eaubonne, il rencontra le comte d'Hérouville.

Dès que le frère et la sœur se revirent, ils se précipitèrent dans

les bras l'un de l'autre, et se félici-
tèrent réciproquement du bonheur
d'être réunis. Madame d'Eaubonne,
après avoir accueilli Robert avec
considération , présenta madame
d'Aulnay au comte.

— « Voici, mon frère, lui dit-
elle, une personne qui m'est bien
chère. C'est la veuve de ce pauvre
marquis d'Aulnay, dont je vous ai
annoncé la mort dans ma dernière
lettre, et avec lequel M. d'Eaubonne
fut si intimement lié. Quoique cette
dame soit beaucoup plus jeune
que moi, je vous prie de la consi-
dérer comme ma meilleure amie ;
car, pendant le séjour que je viens
de faire dans son château , nos liens
d'amitié se sont plus étroitement
resserrés. Elle vient se fixer à Paris
pour quelques années, et j'en suis

d'autant plus satisfaite que vous pourrez apprécier son mérite. Je suis persuadée, mon frère, qu'il vous suffira de la connaître pour partager mon attachement pour elle. »

Le général fit à madame d'Aulnay les plus grandes honnêtetés, auxquelles elle répondit avec le ton d'une femme habituée à vivre dans le grand monde. Robert ayant touché quelques mots sur l'entrevue du comte avec l'empereur, madame d'Eaubonne en demanda le résultat à son frère.

— « Félicitez-moi, ma sœur, lui répondit-il; vous voyez en moi un grand dignitaire de l'empire. Napoléon m'accorde le grand cordon de la Légion-d'Honneur, avec une dotation de vingt-cinq mille

francs de revenus; mais si ces faveurs insignes ont de quoi flatter
mon amour-propre, sa majesté semble y mettre une condition qui, je
l'avoue, me cause un cruel embarras. Elle veut me marier à une riche héritière, et a chargé le duc de
Frioul de négocier cette affaire
dans le plus court délai.

— Voilà, mon frère, une belle
occasion de réparer les pertes considérables que la révolution vous a
fait éprouver. Vous pourrez même
rendre à notre famille l'éclat dont
elle brillait autrefois. Parmi les
bonnes choses que ce M. Bonaparte a faites, on doit lui tenir
compte de sa prédilection particulière pour l'ancienne noblesse. Si la
personne que M. Bonaparte veut
vous faire épouser est fille de bonne

maison, vous devez vous empresser de faire ce mariage.

— C'est la fille du ci-devant marquis de Saint-Sauveur, qui, sous le Directoire, fut rayé de la liste des émigrés et à qui sa majesté a rendu les biens immenses qu'il possédait tant dans le Berry que dans l'Orléanais. Le marquis est mort il y a trois ans, laissant pour unique héritière sa fille qui est maintenant dans sa vingt-deuxième année, et dont la tutelle a été confiée à un de ses parens éloignés, intimement lié avec le duc de Frioul.

— Pour le coup, mon frère, voilà une union sortable : la fille unique du marquis de Saint-Sauveur!!! J'ai beaucoup connu sa famille dans ma jeunesse : c'est une des premières de France. Cette

5.

maison était extrêmement riche, et notre jeune héritière doit être un parti fort avantageux.

— Elle a deux cent mille francs de rente.

— Epousez, mon frère, épousez! Il n'y a pas à balancer. D'ailleurs, vous ne pourriez pas vous y refuser sans vous exposer à déplaire à Bonaparte. »

Quoique madame d'Aulnay et Robert se joignissent à madame d'Eaubonne pour persuader au général qu'il n'avait pas d'autre parti à prendre que d'accéder aux vœux de l'empereur, il parut peu empressé de suivre leurs conseils, et changea de conversation. Il leur parla des événemens qui venaient de se passer en Espagne. Il leur fit le récit de la prise de Burgos, de la capitulation de Madrid, et de l'insurrection des habitans de cette ville, réprimée par Murat, nommé président de la Junte.

Robert reconduisit le général jusqu'à son hôtel, et lui rappela, en le quittant, qu'il devait se trouver le lendemain, à l'heure indiquée, chez son notaire pour y prendre les fonds qu'il avait demandés. Ils passèrent tous deux une nuit fort agitée. Le comte, ne pouvant ajouter foi à tant d'infamie de la part de celle qu'il avait aimée si tendrement, se proposait, avant de rien conclure, de la voir et de s'assurer par lui-même jusqu'à quel point étaient fondées les étranges accusations dont on l'accablait. Les plus tristes réflexions troublèrent son sommeil, et il revit le jour sans avoir fermé la paupière. Quant à Robert, il ne fut pas moins tourmenté : son génie malfaisant le tint constamment en haleine, et la crainte d'échouer dans ses odieux projets l'empêcha de goûter un instant de repos. Il se rendit, à l'heure convenue, chez le notaire, où le général ne tarda pas à le rejoindre.

— Lorsqu'ils eurent terminé l'affaire qui les avait amenés, ils sortirent ensemble et descendirent la rue de la Harpe.

— Vous allez maintenant, monsieur Robert, dit le comte, me conduire chez cette malheureuse Louise : elle demeure, m'avez-vous dit, dans ce quartier.

— Oui, monsieur le comte, non loin du pont Saint-Michel. Nous n'y sommes pas encore ; continuons notre chemin. »

Comme ils arrivèrent au coin de la rue de la Huchette, ils entendirent une grande rumeur et aperçurent une foule de gens rassemblés autour de trois hommes ivres dont deux se battaient avec acharnement. S'étant approchés de ce groupe, ils reconnurent dans ceux qui étaient aux prises Bontemps et ses deux cousins. La figure de l'invalide était ensanglantée. Plusieurs passans, qui venaient de séparer les combattans, leur demandaient le motif de leur dispute.

— « Laissez-moi assommer ce vilain moricaud, cria Bontemps en agitant sa canne : il faut que je me venge du coup qu'il m'a donné.

— Allons, Bontemps, reprit

Bardou en le retenant d'un bras vigoureux, t'as tort, mon homme. C'est toi, morgué! qu'a commencé à frapper.

— Pourquoi a-t-il dit tant de mal de ma nièce? Il semblerait, à l'entendre, qu'elle se livre au premier venu. Il n'y a peut-être pas un mot de vrai dans ce qu'il a débité sur son compte.

— Si j'ai dit que Louise était une dévargondée, poursuivit Thomas, c'est qu' c'est la pure vérité. Oui, je l' soutiens, elle fait la vie. D'ailleurs, quand une fille honnête a l' malheur de s' laisser engrosser, est-ce qu'alle s'avise de s' montrer effrontément dans les rues avec des étudians!

— Ah ça! continua Bardou en entraînant avec force le charbonnier, pas de train ! rentrons au cabaret, et faisons la paix.

— Je n' demande pas mieux, Bardou ; mais qu' Bontemps soit plus raisonnable, et qu'il n' prenne pas la mouche à propos de rien..... Oui, remettons-nous à table : c'est moi qui régale. »

Herfort, indigné, se hâta de gagner le pont Saint-Michel.

— « Hé bien ! général, lui dit Robert en le rejoignant, que dites-vous de ces gens-là ?

— C'est le rebut de la nature.

— Ils viennent de faire une belle scène !

— Je n'ai, de ma vie, rien vu de plus dégoûtant.

— Ce sont cependant les proches parens de la personne que vous vouliez épouser.

5*

—Quelle horreur ! quels infâmes propos ! comme ils ont traité cette malheureuse !

— Il faut être juste aussi , monsieur le comte : à Paris , une jeune ouvrière qui se conduit sagement est la chose la plus rare. Elles sont environnées de tant de séductions !

— Je ne puis néanmoins m'imaginer que Louise soit descendue à un tel degré d'avilissement.

— Quant à moi, j'ai été longtemps à me le persuader ; mais des preuves irrécusables m'ont enfin dessillé les yeux..... C'est cependant pour avoir fait sa société de femmes entretenues, qu'elle a fini par se perdre.

— Malgré le mépris que cette créature m'inspire , j'éprouve le besoin de la voir, de l'interroger...

Mais il me semble que nous nous éloignons de sa demeure... Où sommes - nous donc, monsieur Robert?

— Rue de la Barillerie; nous touchons à la grille du Palais-de Justice.

— Que de monde rassemblé sur cette place !

— Ce n'est pas étonnant : c'est l'heure à laquelle les comdamnés sont exposés... Hé! cela me fait penser que Salmon doit figurer parmi ces misérables... Si vous êtes curieux de voir votre rival, nous allons pénétrer jusqu'au bas de l'échafaud.

— Il ne me manquait plus que d'assister à un tel spectacle... Mais non, je ne croirai jamais que Louise ait eu rien de commun avec un homme de cette espèce.

— Venez, monsieur le comte, suivez-moi. »

Ils percèrent la foule et arrivèrent au pied de l'échafaud. Salmon, en ce moment, indignait le public par son insigne effronterie et les propos obcènes qu'il tenait avec deux autres malfaiteurs exposés à ses côtés. Apercevant Robert, il l'apostropha de manière à attirer sur lui les regards de la foule.

« Hé ! hé ! hé ! dit-il à haute voix, voilà monsieur Robert, mon propriétaire ! Messieurs et mesdames, regardez bien cet individu : c'est le plus grand fesse-mathieu que je connaisse. Si vous voulez lui emprunter de l'argent, portez-lui cinquante fois la valeur de ce dont vous aurez besoin, sans quoi le

juif ne vous prêtera pas un sou.....
A propos, dites donc, mons Robert,
pendant que je trimerai à Brest ,
n'allez pas vous aviser de me souf-
fler Louise ! cela ne m'arrangerait
pas du tout. C'est que vous êtes un
sournois auquel je ne me fie pas.
D'ailleurs je sais qu'autrefois vous
en teniez pour elle, et je n'aimerais
pas vous avoir pour remplaçant.
Recommandez-lui bien de ma part
de conserver précieusement le général qui a tant de bontés pour elle.
Oh ! qu'elle le fasse aller tant
qu'elle pourra, c'est ce que je désire, pourvu toutefois qu'il l'enri-
chisse, et qu'à mon retour je puisse
partager son aisance..... Ouais !
tiens, vous vous retirez à présent !..... Attendez donc, maître
Robert, j'ai encore quelque chose

à vous dire. Je vous propose d'être le parrain de mon enfant, quand Louise accouchera..... Mais que le diable emporte l'escogriffe ! le voilà qui file sans vouloir en entendre davantage. »

Le général et Robert s'esquivèrent de la foule et gagnèrent le quai de l'Horloge, sans proférer une seule parole. Herfort était attéré : son visage était triste et morne. Livré à ses sombres pensées, il marchait à côté de Robert, sans savoir où il dirigeait ses pas, et quand il arriva au Pont-Neuf, il les tourna machinalement à gauche...

— « Monsieur le comte, lui dit Robert, vous allez donc au faubourg Saint-Germain ?

— Non ; il faut que je retourne à

l'hôtel Meurice.... Mais j'allais me tromper de chemin : il n'est pas étonnant que j'aie des distractions; ce que je viens de voir et d'entendre m'a bouleversé les sens au point que je n'ai plus la tête à moi....... Vous allez m'accompagner, mon cher Robert; j'ai quelques dispositions à faire pour lesquelles j'ai essentiellement besoin de vous.

— Je suis à vos ordres, général.

— Ah! la malheureuse!

— Vous parlez de cette vile créature?

— L'infâme!... comme elle m'a trompé! C'est fini, je ne veux plus y penser! Ne m'en parlez jamais, monsieur Robert; épargnez ma sensibilité. J'adorais la perfide; je lui eusse sacrifié cette alliance si avantageuse que l'empereur me

propose. Oui, pour elle, je me serais exposé à déplaire à mon souverain. Mais, mon cher Robert,
que ne vous dois-je pas? C'est vous
qui m'avez préservé du plus grand
des malheurs. Je n'oublierai jamais
ce signalé service ; il redouble l'attachement que je vous ai voué pour
la vie.

— Je me serais rendu indigne
de votre confiance, monsieur le
comte, si je ne vous avais point
prévenu de ce qui était à ma connaissance. En cela, je n'ai fait que
mon devoir.

— Ecoutez, Robert... En rom-
pant pour toujours avec Louise, je
veux néanmoins la mettre à l'abri
de la misère. Je vous remettrai une
vingtaine de mille francs pour elle.
Puisse-t-elle en faire un bon usage!

Mais c'est la dernière fois que je m'occuperai de cette misérable ; et si vous avez pour moi une amitié sincère, vous ne prononcerez jamais son nom devant moi. »

Robert renouvela au général ses protestations de dévouement, et sembla justifier sa confiance par le zèle qu'il mit à le servir. Son mariage avec mademoiselle de Saint-Sauveur exigeait beaucoup de démarches, dont Robert se chargea et qu'il fit à la satisfaction du comte. Ce mariage, ordonné pour ainsi dire par l'empereur, eut lieu peu de jours après ; sa majesté signa au contrat, et les deux époux partirent, avec madame d'Eaubonne et son amie, pour la terre que la nouvelle mariée possédait aux environs d'Orléans.

Cependant Louise , ne recevant aucune lettre du comte, et se trouvant déjà dans le septième mois de sa grossesse , se lamentait sans cesse. Son inquiétude augmentait chaque jour. C'est en vain que Cécile cherchait à la consoler, en lui faisant observer que cet Herfort, dont elle avait tant de fois exalté devant elle le caractère sublime, etait incapable de trahir sa foi ; l'infortunée semblait pressentir le coup qui devait la frapper. Pour surcroît de tourmens, il y avait déjà quinze jours que Robert n'avait mis les pieds chez elle, et, quoique sa société fût loin de lui être agréable, elle était impatiente de le voir pour avoir des nouvelles du général. Un jour qu'elle était occupée à relire la lettre qu'il lui avait écrite en partant de Kelh, et que dans sa douleur elle arrosait de ses larmes, elle vit entrer Robert qui s'avança vers elle, en affectant une profonde affliction.

— « Ah ! monsieur, s'écria Cécile, pouvez-vous avoir laissé si long-temps ma malheureuse amie dans l'inquiétude qui la dévore ? Vous la voyez : elle est au désespoir. Hé bien ! avez-vous reçu des nouvelles d'Espagne ?

— Le comte d'Hérouville n'est plus en Espagne.

— Où est-il donc ? s'écria Louise…. L'empreinte de tristesse que je remarque sur votre visage me fait trembler…. Serait-il arrivé au général quelque événement funeste ?

— Au contraire, mademoiselle,

le général jouit maintenant du sort
le plus prospère. Il est grand dignitaire de l'empire, et sa fortune est
immense... Enfin, faut-il vous le
dire, Louise?... le comte est marié !

— Marié !!!

— Oui, c'est l'empereur qui a
fait ce mariage. Monsieur le comte
d'Hérouville a épousé mademoiselle de Saint-Sauveur.... Tenez,
lisez.... voici le billet de faire-part
qui m'a été adressé. »

Louise, après avoir lu le billet,
poussa un cri aigu, et tomba évanouie sur le carreau....

— « Grand Dieu ! s'écria Cécile
éperdue, qu'avez-vous fait, monsieur? Aidez-moi, maintenant, à la
mettre dans cette bergère. »

Les secours qui furent prodigués

à Louise ne tardèrent pas à ranimer ses sens; mais le coup fatal était porté. Il s'était opéré en elle une telle révolution, qu'elle éprouva à l'instant même les douleurs de l'enfantement. Cécile, effrayée du danger où se trouvait son amie, pressa Robert d'aller chercher le médecin, et dès qu'il fut parti, elle voulut aider Louise à se mettre au lit; mais cette malheureuse, pressentant sa fin prochaine, rassembla toutes ses forces et se traîna jusqu'à son secrétaire, où, malgré ses souffrances, elle se mit à écrire. Elle réunit ensuite toute sa correspondance avec le comte, y joignit une lettre pour son père, et en fit un paquet sur lequel elle écrivit: *A remettre au colonel Gérard.* Puis elle ajouta une autre lettre à ces papiers

importans, mit le tout sous enve-
loppe avec la suscription suivante :
*A madame Bernard, propriétaire,
à Saint-Maur.*

— « Ma chère Cécile, dit-elle à
son amie, faites mettre de suite ce
paquet à la poste ; vous me rendrez
service. »

Cécile appela la portière par la
croisée de l'escalier, et lui donna
cette commission qui fut remplie.

— « Je laisse dans ce secrétaire,
continua Louise d'une voix mou-
rante ; un écrit que je viens de tra-
cer et qui renferme mes dernières
volontés.

— A quoi pensez-vous, Louise ?
Qui peut vous inspirer des idées
aussi noires ? Le ciel vous conser-
vera pour votre enfant.

— Désabusez-vous, Cécile : je ne

le sens que trop, le coup est mortel.
Non, je n'y survivrai point, et je
vois déjà la mort prête à saisir sa
proie... Oh! que je souffre!... Mon
amie, aidez-moi à gagner mon
lit. »

Cécile la déshabilla et la coucha.

— « Je n'en puis plus, ma chère
Cécile... Que ce médecin tarde à
venir!... Comme je suis oppressée!
J'ai la tête en feu... O ciel! je suis
perdue! Hélas! je ne verrai point
mon enfant.... l'enfant d'Herfort,
de l'homme qui me tue! »

Les douleurs se firent ressentir, en
ce moment, avec une telle violence
qu'elle poussa des cris redoublés. Ces
souffrances durèrent jusqu'à l'arrivée du médecin. Les soins de cet
homme, expert dans son art, facilitè-

rent l'accouchement qui eut lieu en quelques minutes. Louise mit au monde une fille que Cécile reçut dans ses bras. Robert, qui avait suivi le médecin, sortit du cabinet où il s'était retiré pendant l'opération, et montra beaucoup d'intérêt pour l'accouchée. Quoiqu'il fût l'artisan de tous les malheurs dont Louise était accablée à la fois, il avait conservé pour elle, dans toute sa force, cette passion qui avait fait pendant si long-temps le tourment de sa vie, et malgré l'affreuse situation de sa victime, il la contemplait avec convoitise, s'applaudissant en secret d'avoir élevé entre le comte et elle une barrière insurmontable, et espérant recueillir le fruit de ses odieux artifices. Le premier mouvement de Louise avait été d'embrasser son enfant; mais ses forces se trouvant entièrement épuisées, elle ne tarda pas à tomber dans un profond assoupissement. Le médecin ayant recommandé qu'on ne fît aucun bruit, Robert entraîna Cécile dans le cabinet pour lui faire part de ses intentions.

— « Madame Rémy, dit-il à Cécile, Louise, qui n'a rien de caché pour vous, a dû vous parler de l'amour que, malgré ses rigueurs, elle m'a constamment inspiré. Les événemens ont assez prouvé combien elle a eu tort de me préférer le perfide qui a si cruellement abusé de son innocence. Il est peu d'hommes qui, à ma place, oublieraient les dédains dont elle n'a cessé de m'abreuver; mais, malgré tous les chagrins qu'elle m'a causés, je m'estimerais

encore le plus heureux des mortels
si elle daignait m'accepter pour
époux. Mon langage vous étonne,
madame ! Cependant il est sincère.
Oui, je suis prêt à rendre l'honneur à Louise et à adopter son enfant. Elle trouvera en moi de la
fortune, de la considération et un
mari plein d'égards. Sa fille n'aura
point à rougir de sa naissance, car
je lui donnerai mon nom.

— Il est certain, monsieur Robert, qu'une telle proposition prouve que vous aimez véritablement
cette infortunée. Il est heureux que
vous sachiez apprécier ses rares
qualités. Ah ! que je verrais avec
satisfaction mon amie sortir de l'embarras où la mise ce comte d'Hérouville, que maintenant je déteste
autant que je le méprise ! Le cruel !

comme il l'a trompée ! Qu'elle est intéressante cette chère Louise, et que vous faites bien de vouloir la protéger dans son malheur ! Je me plais à croire, monsieur, que, touchée de votre générosité, elle acceptera, avec reconnaissance, les avantages inesperés que lui offre une alliance comme la vôtre.

— Le général m'a chargé de lui remettre une vingtaine de mille francs, comme si ce faible sacrifice pouvait la décider à m'épouser ; mon premier soin sera de renvoyer cette somme au comte. Je ne voudrais jamais souffrir que ma femme eût la moindre obligation à un être aussi méprisable. »

Cette conversation fut interrompue par les gémissemens de Louise : elle venait de sortir de son assou-

6.

pissement par l'effet d'une violente
secousse, à la suite de laquelle se ma-
nifesta une perte considérable, que
tous les secours de l'art ne purent
arrêter. Après deux heures d'an-
goisses et de souffrances inouies,
cette infortunée recommanda sa
fille aux soins de Cécile, et expira
dans ses bras. Le médecin se retira;
mais Robert resta les yeux fixés sur
sa victime. Il éprouva un instant
des remords. Ce qu'il venait de dire
à Cécile était le fond de sa pensée.
Il avait en effet le dessein d'épouser
Louise; et si elle eût accepté sa
proposition, il était décidé à rom-
pre toutes ses relations avec le
comte; mais cette idée, suggérée
par une passion qui n'avait plus d'a-
liment, ne laissa dans son âme
qu'un sentiment de pitié, qui en fut

bientôt effacé, et auquel succéda tout-à-coup un mouvement d'insensibilité sans exemple.

— « Il ne reste plus, madame, qu'à remplir les intentions du comte d'Hérouville, dit-il à Cécile en jetant sur la table un rouleau de billets de banque. Voici les vingt mille francs qu'il m'avait chargé de remettre à Louise. Comme vous venez de lui faire la promesse solennelle d'élever sa fille, il est juste que vous soyez dépositaire de cette somme. Profitez de cette occasion pour sortir de la misère ; mais gardez-vous de jamais réclamer l'appui du comte, ni le mien ; car, à compter de ce jour, il n'y aura rien de commun entre nous et cet enfant. Si vous voulez m'en croire,

emmenez-la dans le fond d'une pro-
vince, et ne revenez jamais dans une
ville où le malheur vous a déjà réduite à implorer la pitié des âmes
charitables..... Adieu. »

Robert, après avoir prononcé ces
paroles d'un ton sec et dur, se retira, laissant Cécile dans les larmes.
Cependant, le propriétaire de l'hôtel fit à la mairie de son arrondis-
sement la déclaration relative à la
mort de Louise, et l'on se disposa
bientôt à procéder à l'inventaire
des objets laissés par la défunte ;
mais l'officier civil chargé de ce soin
ayant trouvé dans son secrétaire
l'écrit qui contenait ses dernières
volontés, il ne continua point cette
opération. Cet écrit était ainsi
conçu :

« Je soussigné Louise Gérard,
» fille de François-Guillaume Gé-
» rard, colonel de la légion Corse,
» sentant ma fin prochaine, lègue
» à mon amie Cécile Bremmer, se
» disant femme Rémy, l'argent, les
» bijoux et les effets qui m'appar-
» tiennent, à la charge par elle de
» tenir mon enfant sur les fonts
» baptismaux, et de lui servir de
» mère.

» Paris, le 16 mars 1809.

» LOUISE GÉRARD. »

Cécile remplit religieusement les intentions de son amie. L'enfant reçut les mêmes noms que sa mère, et eut pour parrain le propriétaire de l'hôtel. Outre les effets et bijoux que Louise avait laissés, on trouva dans son secrétaire une somme de

cinq mille huit cents francs. Cécile
quitta Paris deux jours après la mort
de Louise, et se retira à Lonjumeau,
où elle loua une petite maison
agréable, et mit sa fille d'adoption
en nourrice à quelques pas de chez
elle.

CHAPITRE III.

Deux mois s'étaient à peine écou-
lés depuis le mariage du comte
d'Hérouville, quand il reçut l'ordre de rejoindre la grande armée en
Allemagne. L'Autriche, saisissant

6*

l'instant où une partie des troupes de l'empereur était occupée en Espagne, venait de prendre les armes et d'envahir, suivant sa coutume, sans déclaration de guerre, une partie du territoire bavarois. Mais Napoléon, que de secrets avis avaient prévenu des desseins du cabinet de Vienne, avait pris les mesures les plus pressantes pour repousser avec succès cette nouvelle agression.

Le général d'Hérouville se sépara sans regret de son épouse. Il n'existait nulle sympathie entr'eux. Le comte, d'un âge déjà mûr, d'un caractère grave, d'une grande sévérité de mœurs et d'un jugement solide, était constamment occupé des choses les plus sérieuses; tandis que la comtesse, qui aimait les plaisirs

bruyans, s'y livrait sans réserve.
Passionnée pour la chasse et les
exercices du corps, elle était sans
cesse par voie et par chemin. Elle
aimait aussi les fêtes, la bonne chère,
les spectacles, et dépensait des
sommes considérables pour satisfaire tous ses goûts. Elle était en
outre d'une frivolité sans exemple,
capricieuse à l'excès, d'un esprit
borné, et peu mesurée dans ses paroles comme dans sa conduite.
Aussi, le comte, malgré les richesses qu'elle lui avait apportées en
mariage, maudissait une union qui
l'abreuvait de chagrins et de dé-
goûts. La société d'une femme in-
sipide, qui ne lui inspirait ni estime ni amour, lui était devenue
insupportable. Souvent il comparait
ses manières à celles qui l'avaient

tant charmé dans Louise, et cette comparaison lui faisait vivement regretter ce temps d'illusions où la fille de Gérard lui semblait digne de lui. Informé de sa mort, il ne pouvait penser au sort de cette infortunée sans éprouver un sentiment pénible. Il se reprochait de l'avoir abandonnée sans avoir eu des explications avec elle sur les faits qui lui étaient imputés, et même quelquefois l'idée de son innocence se présentait à son esprit. Enfin, Herfort, comblé des faveurs de l'empereur, renommé par ses talens militaires, jouissant de l'estime générale, et possesseur d'une fortune considérable, était cependant le plus malheureux des hommes.

Le 19 avril de la même année, la campagne s'ouvrit par le combat

de Pfaffenhofen ; le 12 mai, Napoléon entra dans Vienne à la tête
de l'armée française ; le 22, fut li-
vrée la bataille d'Esling, dans laquelle Napoléon s'exposa partout
comme un simple officier. Il y eut
même un instant où le feu de l'ar-
tillerie devint si vif, et le danger
si grand autour de l'empereur, que
le général d'Hérouville lui cria :
« Sire, retirez-vous, où je vous fais
enlever par mes grenadiers ! » Cette
journée coûta la vie au duc de Mon-
tebello. Si les conseils de ce brave,
expirant, eussent eu quelque empire
sur le cœur de Napoléon, le monde
n'eût pas été frappé, cinq ans après,
de la plus grande, de la plus utile
leçon que puissent recevoir les peu-
ples et les rois.

Le comte d'Hérouville, avant de

rejoindre la grande armée, avait
fait l'acquisition d'un magnifique
hôtel, situé faubourg Saint-Honoré,
et, pendant son absence, Robert
s'était chargé de le faire arranger
et meubler. Les dames d'Eaubonne
et d'Aulnay, dont il faisait également les affaires, lui ayant donné,
de leur côté, la commission de louer
un appartement pour elles, il en
choisit un vaste et commode dans
une maison de la rue Basse-du-Rem-
part, et dont les croisées avaient
vue sur le boulevard des Capucines.
Dès qu'il fut en état de les recevoir, elles vinrent l'habiter, et
montèrent leur maison d'une manière convenable. Quant à la comtesse, elle ne put s'installer dans
son hôtel que quelques mois plus
tard, parce qu'il avait fallu le temps

nécessaire pour le meubler. Robert, qui connaissait son goût pour le luxe, n'avait rien épargné pour l'embellissement de cette maison, qui devint le rendez-vous des gens les plus opulens de la capitale. La comtesse réunissait habituellement chez elle, une fois par semaine, une nombreuse société où se trouvaient de jeunes élégans qu'elle accueillait inconsidérément. Elle se conduisit avec eux d'une manière si inconséquente, que sa réputation fut bientôt compromise ; et comme elle attirait chez elle des gens tarés, des intrigans, des joueurs de profession et des femmes perdues dans l'opinion publique, les personnes qui se respectaient cessèrent de la fréquenter. Sa belle-sœur et madame d'Aulnay furent les premières à ne plus la voir ; mais, loin de s'en affliger, elle se réjouit d'être débarrassée de la société de deux personnes dont les mœurs contrastaient tant avec les siennes, et qui s'étaient permis plusieurs fois, non-seulement de lui donner des conseils, mais même de critiquer amèrement sa conduite.

Ce fut à cette époque qu'eut lieu la victoire complète et décisive remportée par les Français à Wagram. Dans cette mémorable journée, le comte d'Hérouville, après avoir eu un cheval tué sous lui, reçut un coup de feu qui lui cassa la cuisse, et aurait péri sur le champ de bataille, si Baptiste, son domestique, n'eût point bravé les plus grands dangers pour voler à son secours. Le général fut transporté à

Vienne, où il resta jusqu'à ce qu'il fût en état de supporter la voiture pour parvenir à Paris. Il arriva dans cette ville vers la fin de décembre. Comme sa blessure n'était pas encore cicatrisée, il était obligé de marcher avec des béquilles. Quoique son épouse l'accueillît avec des marques d'intérêt, elle était vivement contrariée de ce qu'elle ne pouvait plus décemment continuer à recevoir autant de monde que de coutume, ni surtout à donner des fêtes brillantes. Cette privation l'affectait beaucoup plus que les souffrances de son mari. Quant à madame d'Eaubonne et à son amie, elles ne quittaient point le général. La comtesse, qui ne pouvait les souffrir, ne dissimulait pas l'aversion qu'elles lui inspiraient :

comme la société du comte était
pour elle un supplice, elle prenait souvent le prétexte de leur
présence pour se dispenser de remplir les devoirs exigés par la bien-
séance, et était quelquefois des
journées entières sans mettre le
pied dans son appartement.

La comtesse avait pour chasseur
un homme d'une taille et d'une
beauté remarquables; à peine âgé
de vingt-cinq ans, ayant les cheveux
et les moustaches noirs, et portant
avec assez d'élégance l'uniforme
vert, les épaulettes à graines d'épi-
nard et le chapeau à plumet. Sa
maîtresse avait pour lui de si grandes bontés, qu'elles donnaient ma-
tière à des conjectures peu favora-
bles à sa réputation; et comme ce
garçon ne manquait pas de fatuité, il

tirait vanité, aux yeux des autres domestiques de la maison, de la prédilection particulière dont il était
l'objet. Baptiste, qui n'avait rien
de plus à cœur que l'honneur de
son maître, conçut une haine implacable contre le chasseur, qu'il pro-
voquait sans cesse en duel, mais
inutilement, car il avait affaire à
un lâche. Il le maltraita un jour au
point de le mettre hors d'état de
faire son service. La comtesse, in-
formée de la querelle qui s'était
élevée entr'eux, et voyant sur le
visage de son favori les traces de la
fureur de Baptiste, voulut le chasser ; mais le général, loin de consentir au renvoi d'un domestique
fidèle auquel il devait la vie, congédia le chasseur, qui fut remplacé
par un nègre.

Cependant, au bout de deux mois, le comte, s'étant trouvé entièrement rétabli de sa blessure, se rendit auprès de l'empereur, qui l'accueillit avec distinction. Il présenta sa femme à la cour, où elle fit peu de sensation.

Quoique le comte eût un neveu auquel il s'intéressait, et qu'il comblait de ses bontés, il désirait vivement avoir un héritier de son nom et de sa fortune. Il fut au comble de la joie lorsque bientôt il acquit la certitude que sa femme allait devenir mère. La comtesse, qui jusqu'alors lui avait inspiré une sorte d'éloignement, lui parut plus aimable. L'examinant avec plus d'attention, il la trouva moins dépourvue d'attraits et d'esprit. Il crut même découvrir en elle des quali-

tés qu'il n'avait pas d'abord remar-
quées, et se reprocha, comme une
chose impardonnable, l'indiffé-
rence qu'il lui avait trop long-
temps témoignée. Il redoubla de
soins et d'attentions pour elle, et
lui montra tant d'égards et de dé-
férence, qu'elle changea entièrement de ton avec lui et se conduisit, en apparence, de manière à le
faire revenir sur l'idée peu avantageuse qu'il s'était faite de son humeur, de son caractère et de ses
principes. Le terme de sa grossesse
étant arrivé, elle mit au monde un
enfant mâle. Sa naissance causa
d'abord au comte des transports
d'allégresse; mais, au bout de quelques jours, ils firent place à un
sentiment profond de tristesse. La
peau de cet enfant, qui n'était d'a-

bord que bise, prit bientôt une couleur plus foncée. Ses cheveux étaient crépus comme ceux des nègres. A son nez épaté, à ses lèvres épaisses, en l'eût pris pour un mulâtre. Etait-ce l'effet d'un regard de femme enceinte, ou celui du hasard ? Il y eut à cet égard quelques interprétations malignes que se communiquèrent entr'eux les gens de la maison, mais qui ne transpirèrent pas au-delà. Toutefois le comte n'eut rien de plus pressé que de chasser le nègre qui avait remplacé le chasseur de madame la comtesse. L'enfant ne vécut que trois semaines; et comme les soupçons du comte avaient détruit tout-à-coup l'harmonie qui existait depuis quelque temps entre sa femme et lui, elle s'en consola facilement en se livrant plus que jamais à une vie dissipée. Un mois environ après être relevée de couche, elle fréquentait déjà les spectacles et les réunions publiques. En sortant d'un bal de l'Opéra, elle fut saisie d'un froid qui lui causa une fluxion de poitrine, et, après quinze jours de maladie, elle mourut sans laisser de regrets.

Le général d'Hérouville resta dix-huit mois à Paris en disponibilité ; mais l'empereur, qui faisait le plus grand cas de son mérite et de sa bravoure, ne le perdait pas de vue. Il méditait une expédition dans laquelle il avait dessein de l'employer.

Gérard, qui s'était distingué en Calabre, venait d'être appelé au commandement d'un régiment de

la jeune garde. Robert lui avait
écrit pour l'informer de la mort de
sa fille, sans entrer à ce sujet dans
aucun détail. Ce père, inconsolable
de la perte de Louise, arriva à
Paris pour se mettre à la tête de
son nouveau régiment, destiné à
faire partie de la grande armée. Il
ne tarda pas à apprendre que sa
fille était morte en couche, et les
affreux propos que lui débitèrent à
ce sujet Bontemps, Thomas et Bardou l'exaspérèrent contre Robert.
Persuadé qu'il avait débauché
Louise, il alla le trouver et lui demanda des explications du ton le
plus menaçant. Robert, sans se dé-
concerter, lui répondit avec un air
de franchise qui atterra le colonel.
La mémoire de l'infortunée qu'il
avait précipitée dans la tombe fut

calomniée de la manière la plus atroce ; et pour mieux abuser ce malheureux père, le perfide le mena sur-le-champ chez le comte d'Hérouville, qui le reçut avec les marques de la plus vive amitié. Ces deux braves, en s'embrassant étroitement, furent émus jusqu'aux larmes. Tous les odieux mensonges que Robert avait inventés pour consommer la ruine de Louise furent répétés par d'Hérouville, comme d'incontestables vérités. Dupe lui-même des ruses abominables qui avaient amené de si funestes résultats, il parlait avec feu de la passion dont il brûlait pour elle, de la résolution où il était de l'épouser, et des circonstances déplorables qui avaient tout-à-coup détruit ses plus chères espérances. Les sanglots étouffés qui altéraient sa voix, et l'expression de douleur qu'il mettait dans ses discours, portèrent la conviction dans l'âme de Gérard : il crut sa fille coupable. Il voulut lire la lettre qu'elle était censée avoir écrite à Salmon, lorsqu'il était en prison, et cette preuve irrécusable de ses liaisons avec ce misérable mit le comble à son indignation. Il s'arracha les cheveux de désespoir et invoqua la mort, comme s'il se fût déshonoré lui-même.

Quoique le général fût d'un caractère plein de franchise, il ne put néanmoins se décider à parler à Gérard du voyage de sa fille au fort de Kehl; et comme Robert lui avait promis de tenir cette aventure secrète, le colonel ignora cette circonstance. N'ayant qu'un seul jour à rester à Paris, il désira, avant d'en partir, savoir ce qu'était devenu l'enfant de Louise, afin d'en avoir soin, et chargea Robert de prendre des informations à ce sujet.

Robert revint fort tard, et leur rapporta que l'étrangère, à qui Louise, en mourant, avait confié sa fille, était une intrigante qui avait profité de cette circonstance pour s'emparer de l'argent et des effets de Louise. Cette femme, m'a-t-on assuré, dit-il, après avoir déposé l'enfant à l'hospice de la Maternité, a quitté Paris pour retourner en Allemagne, où elle est née. Il résulte des informations que j'ai prises à l'hospice, que la petite est morte le jour même qu'elle y a été amenée. Voilà tous les renseignemens que j'ai pu recueillir.

7.

Ce mensonge, inventé dans la crainte que le comte et Gérard n'eussent des relations avec une personne qui aurait pu leur faire connaître l'innocence de Louise, les abusa tous deux. Ils surent gré à Robert de ses démarches, et furent vivement affectés de leur résultat. Gérard fit, le soir même, ses adieux au comte, et partit le lendemain avec son régiment. Quelques jours après, le comte d'Hérouville reçut l'ordre de rejoindre la grande armée, où il eut le commandement d'une division.

Enfin, le 9 mai 1812, l'empereur, plein de confiance dans la guerre qu'il allait entreprendre, quitta Paris pour se rendre sur le théâtre de la guerre.

On sait tous les succès et les désastres qui firent perdre à l'armée française, en si peu de temps, le fruit de vingt-cinq années de combats et de gloire.

Pendant la retraite si désastreuse de notre armée, Gérard, que la nature avait trempé assez fortement pour être au-dessus de toutes les chances du sort et de la fortune, conserva toute son énergie, et fut assez heureux pour sauver la vie au comte d'Hérouville, lors du passage de la Bérésina. Ce général, dont la blessure s'était rouverte, était tombé au pouvoir des Cosaques, quand Gérard les dispersa avec le peu de soldats qui étaient restés de son régiment.

Les armées françaises, écrasées par le nombre, résistèrent long-temps encore aux forces réunies de toutes les puissances de l'Europe ; mais, malgré le rare talent que Napoléon déploya dans la campagne de 1814, et les efforts inouïs que firent nos troupes pour repousser l'ennemi du territoire français, il finit par être envahi de toutes parts, et Napoléon fut forcé d'abdiquer.

Cependant le régiment que commandait Gérard ayant été entièrement détruit près de Nangis, et ce colonel ayant reçu deux balles, dont une lui avait traversé l'épaule, et l'autre l'avait atteint au bras, avait été transporté à Paris, où il se trouvait lors de l'entrée des alliés dans cette capitale. Le 6 mai, étant presque rétabli de ses blessures, il fit sa première sortie et dirigea ses pas vers le jardin des Tuileries. Il était vêtu d'une redingote bleue, portait un simple ruban rouge à sa boutonnière, et avait le bras gauche en écharpe. En traversant la place Vendôme, il se trouva au milieu d'une foule d'individus rassemblés autour de la colonne. Au milieu de ces forcénés, un idividu, portant à son chapeau une énorme cocarde blanche, se faisait remarquer par les mouvemens qu'il se donnait pour encourager les efforts de ceux qui travaillaient à cet acte de vandalisme.

— « Courage ! mes amis, criait-il ! hâtez-vous de renverser la statue de l'usurpateur, et traînez-la sur la claie.

— Qu'ai-je entendu ! s'écrie Gérard en s'élançant dans le groupe... Traîner la statue de Napoléon sur la claie ! ! ! Oh ! pour le coup, c'est un peu fort! Quel est le misérable qui s'est permis de parler de la sorte?

— C'est moi, répond l'homme à la large cocarde, en tournant brusquement la tête. Quel est l'audacieux qui s'avise d'y trouver à redire? Il oublie donc, celui-là, que le règne de Bonaparte est fini, et que c'est la légitimité qui triomphe.

— Quoi! reprend Gérard, c'est vous, Robert!..... Je ne m'attendais guère à vous trouver ici, et surtout à vous entendre débiter de telles infamies. »

Il lui cracha à la figure.

— « A moi! s'écrie Robert en s'adressant aux gens auxquels il vient d'offrir sa bourse.... Vengez-moi, mes amis! tombez tous sur

cet homme; c'est un bonapartiste,
un brûleur de maisons, un ancien
bonnet rouge, un buveur de sang!
Allez, je le connais de longue
date, vous ne risquez rien de le
mettre en pièces; celui-là ne sera
jamais pour les Bourbons. »

Robert, se voyant soutenu par
quelques-uns de ceux qu'il cherchait
à exciter contre le colonel, se disposait à l'attaquer, lorsque des gens
du peuple lui barrent le passage, et
font tomber une grêle de coups
sur lui; ses vêtemens sont déchi-
rés, et il est renversé dans la boue;
mais à la voix de Gérard, qui les
prie de l'épargner, ils cessent de le
frapper. Robert, furieux, se relève
et engage ses partisans à venger
son affront; mais un officier russe
lui ordonne de le suivre au corps-

de-garde de l'état-major de la place.

— « Vous n'y pensez pas, monsieur le commandant, lui dit Robert ; si vous avez quelqu'un à arrêter, ce n'est certainement pas moi, qui suis pour la bonne cause.

— Allons, allons, point d'explications ! Je vous ai entendu insulter lâchement ce brave militaire. Vous allez être conduit en prison ; et si vous raisonnez, je vais vous faire distribuer cinquante coups de bâton. »

Robert suivit l'officier russe en murmurant et au milieu des huées du peuple, et resta au violon jusqu'au lendemain matin. Telle fut l'issue de cette aventure qui fit naître entre le colonel et lui une haine implacable.

Cependant Louis XVIII, absent de la France depuis le 22 juin 1791, débarqua à Calais le 24 avril 1814, et fit, le 3 mai suivant, son entrée solennelle à Paris.

Dans la nouvelle organisation de l'armée, Gérard avait conservé le commandement de son régiment, recomposé des débris de plusieurs corps de la jeune garde ; mais cette faveur, qu'il n'avait point sollicitée, ne tarda pas à lui être retirée, et il fut remplacé par Alfred de Bressoles, nommé par le crédit de madame d'Eaubonne.

Il y avait dix mois que Napoléon était à l'île d'Elbe ; il ne paraissait occupé que des intérêts de ses nouveaux sujets. Il faisait exploiter des mines, planter des arbres, construire des maisons, et se livrait aux moindres détails de l'économie domestique.

Cependant, aucun des engage-
mens pris par la France, sous la ga-
rantie des alliés, ne s'exécutait; il
en fit plusieurs fois porter des plaintes : elles ne furent point écoutées.
A d'aussi justes sujets de mécontcn-
tement s'en joignirent de nouveaux
et de plus importans; car il est
maintenant hors de doute que, dans
les derniers mois de son séjour dans
l'île, des renseignemens certains,
venus de Vienne, de Paris et de
Naples, l'instruisirent que les plé-
nipotentiaires français, soutenus
par ceux de la Grande-Bretagne,
avaient déjà présenté des notes au
congrès pour obtenir sa translation
à Sainte-Hélène, et que ces notes,
sans avoir été précisément accueil-
lies, n'avaient cependant point été
repoussées. Il avait aussi à se plain-

dre de ce qu'on avait cherché à attenter à sa vie. Il était d'ailleurs
parfaitement instruit de l'état et
des dispositions de la France. Le
29 février 1815, il était dans le
golfe Juan; à deux heures il débarqua.

La marche de Napoléon jusqu'à
Paris fut un véritable triomphe :
tout Français impartial dira qu'il
arriva, jusqu'au sein de la capitale,
porté dans les bras de ceux à qui
on avait appris à le regretter, et
qu'il ne se trouva pas dans la pénible nécessité de tirer un seul coup de
fusil pour reconquérir un royaume
dont il avait été touté la gloire et
causé tous les malheurs. A quatre
heures du matin, le 20 mars, il était
à Fontainebleau; il partit de cette
ville à sept heures, et seulement

après avoir appris que les Bourbons avaient quitté Paris ; où il entra le même jour, à neuf heures et demie du soir, quand il était le moins attendu. Toute la population qui se trouvait en ce moment dans les rues qu'il traversa, se porta aux Tuileries, où s'étaient déjà réunis un nombre prodigieux d'officiers de toutes armes. La garde impériale fut réorganisée ; Gérard et Dubois eurent chacun un régiment de jeune garde à commander. En moins de trois mois, une armée de trois cent mille combattans, soutenue par une armée de réserve de quatre cent mille hommes, tant conscrits de 1814 et de 1815 que gardes nationaux, fut mise sur pied.

Cependant les armées anglaise, prussienne et belge, combinées,

prirent leurs positions sur les fron-
tières de la Belgique, où elles se
trouvèrent bientôt en présence de
l'armée française.

Le 16 juin, Napoléon, malgré les
informations données à l'ennemi
par un transfuge, le général Bour-
mont, chef d'état-major du quatrième corps, remporta, à Ligny,
avec moins de soixante mille hommes, sur les Prussiens, dont l'armée
s'élevait à quatre-vingt-dix mille,
une victoire complète qui fut dé-
cidée en quatre heures; mais le 18
eut lieu la fameuse bataille de Waterloo ou du Mont-Saint-Jean, journée si funeste à la France. Le général Cambronne et le colonel Gérard tombèrent, noyés dans leur
sang, au milieu d'une foule de braves qui périrent presque tous.

Ainsi finit cette bataille qui décida du sort du monde, et ramena, une seconde fois, les alliés dans la capitale. L'on connaît les funestes résultats de cette nouvelle invasion. Louis XVIII rentra dans Paris le 8 juillet, et Napoléon, tombé au pouvoir des Anglais, fut conduit à Sainte-Hélène, où il devait trouver son tombeau.

CHAPITRE IV.

—

Les alliés, qui occupaient la capitale et plusieurs de nos provin-
ces, venaient d'imposer au gouvernement français le traité le plus
désastreux dont nos annales offrent

la nomenclature, depuis celui de Brétigny, en 1360. Ce traité était plus humiliant encore que celui de 1763, époque où Louis XV, dégradé par ses vices et son insouciance, ayant avili la nation, sur laquelle il laissait régner d'infâmes courtisanes, accepta d'ignominieuses conditions, qui l'eussent même été davantage sans l'habileté de son ministre, qui sentait la nécessité de conclure à tout prix, et qui ne cessait de dire : « Puisqu'on ne sait pas faire la guerre, il faut faire la paix. » Du moins, en 1815, nos légions n'ont pas succombé sous les armes d'une seule puissance, d'une puissance secondaire. Les alliés étaient cinq contre deux au Mont-Saint-Jean; Waterloo n'était pas Rosbach, et, à ce jour, on n'au-

rait pas trouvé un Soubise parmi
nos généraux.

Cependant, quoique la désolation
régnât généralement dans Paris,
les nobles, les émigrés, les prêtres,
et une foule d'intrigans, toujours
prêts à profiter des circonstances,
se réjouissaient publiquement des
malheurs qui accablaient la France.
Le gouvernement impérial avait
favorisé les gens de guerre; la
restauration gorgea de richesses
les nobles d'autrefois.

Madame d'Eaubonne et son amie
madame d'Aulnay étaient dans le
ravissement des changemens qui
venaient de s'opérer en France.
Elles réunissaient chez elles, un
jour de la semaine, une nombreuse
société, composée, en grande partie, de gens *pensant bien*, ou, pour

mieux dire, d'ultrà-royalistes et de généraux étrangers. Le général d'Hérouville se respecta assez pour refuser d'y assister, au grand déplaisir de sa sœur, qui ne comprenait pas ses répugnances et s'en expliqua vivement avec lui.

Le général partit avec Dubois pour la Belgique, pour y chercher Gérard, que ses blessures y avaient arrêté; et le jour suivant eut lieu, chez madame d'Eaubonne, le dîner où figurèrent Blucher et Sacken. La grossièreté du général prussien contrastait singulièrement avec la politesse du général russe; mais, malgré la différence de leurs manières, ils s'attachèrent l'un et l'autre, non-seulement à rabaisser le mérite de nos meilleurs généraux, mais encore à déverser le mépris sur la nation entière. Rien n'était plus révoltant que d'entendre les paroles pleines de jactance du vieux Blucher qui, poussant l'impudence jusqu'à se vanter d'avoir battu Napoléon, se mettait au-dessus des plus grands hommes de guerre des temps anciens et modernes. Quant à Sacken, son ton était moins tranchant, mais il n'épargnait pas non plus les Français, et exaltait la générosité d'Alexandre, qui avait épargné la capitale, et auquel les Parisiens, disait-il, devraient dresser des autels. Tous les convives, à l'exception de M. Ravel, de son gendre et de sa fille, applaudissaient à qui mieux mieux aux impertinences que ces deux étrangers débitèrent pendant le repas.

Blucher, selon son habitude, avait bu avec si peu de modération, qu'au dessert, il était dans une complète ivresse. Il devint alors insupportable par ses manières ignobles et brutales et par les juremens dont il assaisonnait continuellement ses discours.

Ce vandale du dix-neuvième siècle, qui avait voulu livrer au salpêtre un monument dont le nom seul rappelait et sa fuite honteuse et son incapacité militaire, et la violation de sa foi, se fût conduit avec plus de dignité en s'abstenant de faire trophée d'une action qui a imprimé à sa mémoire une tache ineffaçable. (1)

(1) Les Prussiens perdirent, à la bataille d'Iéna, qui eut lieu le 14 octobre 1806,

Quand on passa dans le salon, madame d'Aulnay, qui était assez bonne musicienne, se mit au piano et joua une fantaisie de Moschelès; mais, au milieu de ce morceau, Blucher alluma sans façon sa pipe à une des bougies de la cheminée. Il fit ensuite signe à ses deux aides-de-camp de le suivre, et passa sur une terrasse qui donnait en face du bou-

plus de quarante-cinq mille hommes. De toutes les défaites, ce fut celle qui fit le moins d'honneur aux vaincus : elle commença les désastres de la monarchie de Frédéric. Le général Blucher, entraîné dans une fuite précipitée avec quelques mille Prussiens vers le Moyen-Elbe, coupé par la division de dragons du général Klein, à Weissensée, échappa au moyen de la fausse allégation d'un armistice. Blucher ne rougit pas de l'affirmer sur sa parole d'honneur.

levard et où il fuma en se promenant
de long en large. La fille de M. Ravel et Charles, son mari, jouèrent
des variations pour piano et violon,
qui furent écoutées avec un grand
plaisir. Mais ce qui fit le plus d'effet
fut la partie du chant. Il se trouvait,
dans cette réunion, des artistes ita-
liens qui firent entendre des mor-
ceaux ravissans. Cependant, au milieu d'une cavatine chantée par un de
ces virtuoses, Blucher rentra brusquement dans le salon, qu'il traversa en marchant lourdement, et
alla se jeter dans un fauteuil où,
après avoir écouté le chanteur
pendant quelques instans, il ne
tarda pas à s'endormir. On enten-
dit ensuite, sur la harpe, une jeune
personne à peine âgée de douze
ans, qui joua, avec un aplomb im-

perturbable, un concert hérissé de difficultés. Comme plusieurs personnes, étonnées d'un talent si précoce, la complimentaient lorsqu'elle retournait à sa place, madame d'Aulnay saisit cette occasion pour leur parler d'une enfant qui demeurait dans sa maison, comme d'un prodige.

Tandis que madame d'Eaubonne se rendit auprès de la petite musicienne, madame d'Aulnay continua à en parler avec enthousiasme.

— « Sa mère, qui ne paraît pas dans l'aisance, ajouta-t-elle, occupe depuis six mois un petit logement dans les mansardes de cette maison; elle professe la musique, et, d'après le talent prodigieux de sa fille, il est présumable qu'elle est d'une grande force. Je lui ai déjà procuré plusieurs élèves, et tout le monde est content de sa manière de montrer......... Mais voici sa fille...... Quelle jolie créature ! »

La petite entra d'un air délibéré et tenant un cahier de musique. Après avoir salué la compagnie avec grâce, elle alla se placer au piano, et exécuta, avec beaucoup de facilité et d'expression, un thème varié de Kalbrenner. Tout le monde était si enchanté, qu'elle fut vivement applaudie. Le général Sacken ne put s'empêcher de témoigner un grand étonnement de ce qu'il venait d'entendre.

Louise descendit du tabouret et reçut les embrassemens du général, dont chacun voulut imiter l'exemple, à l'exception cependant de Blucher, qui ronflait dans un fauteuil. Madame d'Eaubonne la reconduisit chez madame Rémy, qui apprit avec le plus grand plaisir l'accueil qu'elle venait de recevoir.

Cependant, la danse ayant succédé au concert, le général prussien se réveilla et passa dans une pièce voisine où les tables de jeu étaient dressées; il joua avec bonheur, et gagna plusieurs parties de suite à M. Ravel, qui demanda sa revanche.

— « Non pas, morbleu, non pas, répondit Blucher; je m'en tiens là. J'ai demain une revue à passer de grand matin, et j'ai besoin de repos; je vais me retirer.... Tenez, ajouta le Prussien en tirant sa montre,

8.

regardez : il est déjà une heure moins un quart.

— Que vois-je ? s'écria M. Ravel... cette montre...

— Est magnifique, n'est-ce pas ? les diamans qui l'entourent vous éblouissent les yeux, à ce qu'il paraît !... Oh ! c'est un objet de prix !

— Je le sais mieux que personne... car elle m'appartient.

— Comment, cette montre est à vous !... Je vous trouve, sacrebleu, plaisant d'oser avancer une chose semblable !

—C'est cependant la vérité ; je la reconnais, vous dis-je, elle me fut enlevée avec une foule de choses précieuses à Roussy-le-Sec, lorsque mon château fut pillé par un détachement de vos troupes.

— Attendez donc..... Roussy-le-

Sec, dites-vous?... N'est-ce pas un endroit situé à dix lieues d'ici, à l'entrée d'une épaisse forêt?

— C'est cela même.

— Hé! oui..... je me rappelle maintenant.... oui, c'est cela!... cette montre fut trouvée sur un de nos soldats tué par les paysans de ce village... Il se pourrait en effet qu'elle vous ait appartenu... Dans tous les cas, je vous en fais compliment, elle est excellente... Regardez-là encore : vous êtes bien sûr que c'est la même?

— Je vous en réponds.

— La voici... vous la voyez.... Eh bien! je la garde... Bon soir, monsieur. »

Blucher lui tourna le dos et sortit sans ajouter un mot. Toute la société ne tarda pas à se retirer, et les

deux maîtresses de maison se félici-
tèrent d'avoir réuni chez elles une
compagnie aussi distinguée, et surtout deux généraux étrangers qui
avaient si puissamment contribué
au triomphe de la légitimité.

. L'absence du marquis d'Hérouville et du colonel Dubois dura six
semaines. Après avoir prodigué
leurs soins à Gérard, ils le rame-
nèrent à Paris ; mais, ce brave était
tellement criblé de blessures, qu'il
éprouvait encore beaucoup de peine
à marcher. Il avait reçu trois balles
dans les cuisses, cinq coups de lance
dans le corps et deux larges coups
de sabre sur la figure. Il resta pendant quelque temps chez le général, qui eut l'occasion de lui être
utile.

Gérard était d'une si grande

franchise qu'il ne pouvait s'empêcher de se prononcer ouvertement
contre ce qu'il voyait. Aussi était-il
noté à la police comme un ennemi
déclaré du gouvernement du roi.
Fouché s'était fait de nouveau pros-
cripteur ; car, à toutes les époques,
il avait joué ce rôle. Cet homme
sans foi, sans conscience politique,
ce jacobin effréné, l'un des plus
atroces délégués de la Convention,
ce spoliateur des familles, qui avait
couvert Lyon de ruines et de sang,
siégeant, après la seconde restauration, au conseil de l'autorité royale,
s'était montré l'ennemi le plus
acharné de ceux qui avaient em-
brassé la cause de Napoléon à son
retour de l'île d'Elbe. Ce fut Fouché
qui dressa la liste du 24 juillet, où
il inscrivit le nom de Ney. Cepen-

dant Fouché ne tarda pas à recevoir sa démission avec le titre d'ambassadeur à Dresde, faveur qui fut bientôt suivie d'une disgrâce. Cet homme, d'effrayante mémoire, mourut quelque temps après à Trieste. Remplacé par M. Decaze, ancien préfet de police, les proscriptions devinrent encore plus actives. Mais un des fléaux les plus térribles de cette funeste époque, fut l'institution des cours prévôtales, dont les jugemens peuvent être comparés à ceux des tribunaux révolutionnaires créés pendant le règne de la térreur.

Bontemps fut traduit devant la cour prévôtale du département de la Seine, pour avoir tenu des propos séditieux dans un cabaret. Il y avait été excité, dans un moment

d'ivresse, par un agent provoca-
teur. Il était accusé d'avoir dit que
Louis XVIII ne régnait sur la France
que par la puissance des baïonnettes
étrangères, et d'avoir crié *vive l'empereur!* Bontemps fut condamné au
carcan et à cinq ans de fers. Cette sentence ne reçut pas son exécution : la
nuit même de sa condamnation, le
malheureux invalide s'étrangla dans
sa prison. Gérard, désolé de la perte
de son beau-frère, exhala ses regrets en plaintes amères, et n'épargna point les juges qui avaient porté
une sentence aussi cruelle. Il se
rendit même auprès du colonel qui
avait présidé la cour, et le provoqua
en duel ; mais le prévôt, loin de lui
donner satisfaction, le fit arrêter
et conduire à Sainte-Pélagie, où il
resta pendant huit mois, sans pou-

8*

voir obtenir son élargissement ni sa mise en jugement. Pendant sa captivité, le général d'Hérouville et le colonel Dubois ne le négligèrent point ; ils n'épargnèrent ni l'un ni l'autre leurs démarches pour faire cesser sa détention ; mais une puissance occulte avait toujours paru s'opposer à leurs succès. Enfin, Gérard, rendu à la liberté, retourna chez le général, qui lui fit obtenir sa retraite. Comme ses opinions politiques ne s'accordaient nullement avec les idées gothiques des gens qui fréquentaient la maison du marquis, c'était pour lui un véritable supplice de les voir, et surtout de les entendre. Pour surcroît de dégoût, il voyait souvent Robert, qui lui déplaisait souverainement. Rien n'égala son indignation, lorsqu'un jour cet intrigant se présenta chez le marquis avec la décoration de la légion-d'honneur. Le premier mouvement du général fut de le féliciter sur la faveur qu'il venait d'obtenir.

— « Ce n'est point une faveur, répondit Robert d'un air suffisant ; c'est la juste récompense de mes longs services dans l'administration.

— Quelle impudence ! s'écrie Gérard hors de lui. Pour le coup, c'est à n'y pas tenir. Il ne manquait plus aux Bourbons que d'avilir la croix d'honneur. Grand Dieu ! être condamné à voir briller l'étoile des braves sur la poitrine d'un Robert ! Oh ! c'est trop fort ! »

Il arrache son ruban et le jette au feu.

— « Que faites-vous, Gérard ? dit le général.

— Vous le voyez bien.... Puis-je continuer à porter le signe de l'honneur quand on le prodigue maintenant à des lâches, des valets, des espions ! Je dois y renoncer, de peur d'être confondu avec eux. »

Le colonel sortit en lançant un regard de mépris à Robert, stupéfait d'une telle apostrophe.

— « Monsieur le marquis, dit-il au général, je ne sais à quoi attribuer la haine que me porte M. Gérard ; elle éclate dans toutes les occasions.

— Il est vrai que le colonel vient de faire une sortie inconvenante, peut-être ; mais, convenez entre nous, mon cher monsieur Robert, qu'il n'est pas flatteur, pour nous autres gens de guerre, de voir les croix d'honneur pleuvoir sur des bourgeois qui n'ont pas bougé de chez eux, tandis que nous exposions chaque jour notre vie.

—Quant à moi, général, je vous jure que je n'ai fait aucune démarche pour l'avoir ; mais, comme j'avais demandé ma retraite, le ministère, en me l'accordant, a cru devoir récompenser mes services en me faisant nommer légionnaire.

— Est-ce que vous quittez l'administration?

— Oui, monsieur le marquis, pour ne plus m'occuper désormais que d'affaires particulières.

— Ainsi donc je puis compter que vous continuerez à vous charger des miennes.

— Cela me mettra à même d'y apporter plus de soins que jamais.

—Je suis fort heureux de ce que

vous vous êtes chargé de veiller à mes intérêts; car je n'ai qu'à me louer de votre zèle et de votre intégrité... A propos; où en êtes-vous avec mon étourdi de neveu? Vous tourmente-t-il toujours pour obtenir des avances sur la pension que je lui fais?

— M. de Bressoles n'est vraiment pas raisonnable. D'après votre autorisation, je lui ai compté, il y a une quinzaine de jours, le montant du trimestre qui ne doit échoir que dans deux mois. Eh bien! cela ne l'a pas empêché de venir ce matin me tourmenter pour que je lui avance tout le semestre.

— La conduite de mon cher neveu ne laisse pas que de m'inquiéter. Le drôle est d'une dissipation sans exemple... Ce que je redoute le plus en lui, c'est qu'il est joueur... Ce vice peut le perdre.

— Je ne prétends pas excuser votre neveu, monsieur le marquis, et même je me suis souvent permis de lui faire des représentations sur cette malheureuse passion.

— Il est vrai que son grade, dans la garde royale, exige de la représentation... Allons, puisqu'il en est ainsi, faites-lui l'avance qu'il demande ; mais, dites-lui que vous prenez cela sur vous, et surtout qu'il ignore entièrement que je vous y autorise.

— Vos intentions seront remplies. »

Robert écrivit le jour même au neveu du marquis, pour lui annoncer qu'il était disposé à lui faire l'avance qu'il demandait, et le lendemain, dès huit heures du matin, le comte était chez lui.

Comme il le reconduisait, après leur entrevue, un homme de mauvaise mine, qu'ils rencontrèrent sur le palier, salua Robert en passant auprès de lui, et alla s'asseoir dans l'antichambre en l'attendant. Robert, en rentrant, s'approcha de cet individu, et lui demanda ce qu'il y avait pour son service.

— « Ah ! la plaisante chose ! Quoi ! c'est toi, Salmon !!! Allons, mon ami, de mieux en mieux ! Si cela continue, tu surpasseras Vidoc en adresse. Il y a un mois, tu avais pris le déguisement d'un grognard de la vieille garde : cela t'a merveilleusement servi pour faire coffrer deux officiers bonapartistes avec lesquels tu as déjeuné chez le marchand de vin du coin de la rue Lancry. La semaine dernière, admis dans une société d'anciens fonctionnaires de l'empire, où tu te faisais passer pour un sous-préfet destitué, tu as recueilli, sur chacun d'eux, des notes précieuses dont l'autorité saura tirer parti ; mais aujourd'hui, quels sont tes desseins ?

— Il me semble que ce costume est fort convenable pour jouer le rôle d'un écrivain public. Depuis que la chambre introuvable a suspendu la liberté individuelle, nous autres, gens de la police, nous n'avons pas un moment de repos. Comme on nous paie généreusement pour organiser des conspirations, nous travaillons sans relâche ; je tiens le fil d'une affaire qui me vaudra de l'or. Si vous voulez, je vous ferai recevoir membre de la société où je dois *travailler*.

— Tu sais bien, Salmon, que je ne dois jamais paraître dans de telles réunions. C'est bon pour un employé subalterne ; mais moi, c'est différent. Il suffit que tu me remettes chaque jour ton rapport, dont je fais usage envers qui de droit.

— J'oubliais que vous êtes de la haute police..... Mais que dis-je ? vous mangez à deux rateliers ; car vous dépendez en même temps de la préfecture et du pavillon Marsan.

— Ne t'avise jamais de révéler à qui que ce soit, que je suis attaché au château ! Tu me compromettrais vis-à-vis du préfet... M'apportes-tu ton rapport du jour?

— Le voici... Il ne contient que les détails relatifs aux écrivains, dont je viens de vous parler.

— Tu feras bien, mon ami, de suivre cette affaire. »

Il le paya et le renvoya satisfait.

Cependant Robert ne pouvant pardonner à Gérard l'affront qu'il lui avait fait chez le marquis, fit des rapports contre lui à la police, où il était déjà signalé comme un ennemi dangereux. On était dans un temps où il était facile de perdre ceux auxquels on en voulait. Le monarque était si ombrageux, que le ministère, pour se conserver en faveur, supposait journellement des conspirations, toutes provoquées par les agens du pouvoir.

Un jour, Gérard fut arrêté en pleine rue, par une douzaine d'agens de police, qui le conduisirent à la préfecture, et de là à Sainte-Pélagie, où il resta six semaines au secret et sans être interrogé. Il ne sortit de prison que pour être conduit de brigade en brigade, par la gendarmerie, jusqu'au Mans, où il fut mis en surveillance. Tel fut le traitement qu'on fit subir à un des meilleurs colonels de l'ancienne armée. Il resta dans cette ville pendant douze ans, en butte aux vexations continuelles des autorités. Mais il prit son mal en patience, et trouva des consolations dans la lecture et la société de quelques gens estimables, dont il fit la connaissance, et qui furent heureux de se lier avec lui. Dubois, qui était en disponibilité, venait le voir au moins une fois par an, et le général d'Hérouville entretenait avec lui une correspondance régulière. Dubois, qui était admis à la retraite depuis plusieurs années, épousa une riche veuve, sœur d'un chef de division au ministère de la guerre. Il parvint, par le canal de son beau-frère, à faire cesser l'état de surveillance où était Gérard, et ce brave militaire quitta enfin le Mans, pour revenir à Paris. Reçu à bras ouverts par Dubois et sa femme, il s'installa chez eux, dans un petit appartement qu'ils lui avaient fait préparer.

CHAPITRE V.

Cependant le retour de Robert eut lieu le même jour de l'arrivée de Gérard. Robert ramenait Salmon, qui l'avait accompagné dans son voyage. En descendant de la

diligence, Salmon se disposait à gagner sa demeure; mais Robert l'en-
gagea à le suivre chez lui.

—« Mon ami, lui dit-il, ce n'est
pas la peine d'aller dans la cité, où
tu demeures, puisqu'il faut que
nous allions ensemble demain matin chez le cardinal, et qu'après
avoir reçu de nouvelles instructions de son éminence, nous nous
remettions de suite en route.
Viens plutôt chez moi; tu y trou-
veras une bonne table et un bon
lit.

— Volontiers, monsieur Robert. »

Ils arrivèrent bientôt rue du
Gros-Chenet. Robert, en entrant
dans sa maison, fut reçu par le
concierge, qui lui rendit compte de
ce qui s'y était passé pendant son

absence, et lui remit des cartes de visite parmi lesquelles il en trouva de M. de Bressoles.

Robert se mit à table avec Salmon ; ils causèrent, pendant le repas , de la mission dont ils étaient chargés.

— « Hé bien ! Salmon , lui dit Robert , es-tu content de ton voyage ?

— Il faudrait que je fusse bien difficile , monsieur Robert : il m'est payé si largement, et nous avons été tellement bien reçus partout où nous nous sommes présentés , que je passerais volontiers le reste de ma vie à voyager de la sorte.

— Il faut convenir aussi que je t'ai conduit dans de bonnes maisons. Ceux qui nous font agir n'épargnent rien pour remplir leur but : grâce à leur prodigalité, nous faisons nos affaires ; car, si je ne me trompe, depuis que je t'ai initié dans notre entreprise, tu dois avoir déjà reçu une quinzaine de mille francs.

— A peu-près ; mais vous, mons Robert, qui êtes le chef d'une trentaine d'émissaires qui n'agissent que d'après votre direction, vous vous enrichissez joliment à ce métier-là.

— Je n'ai pas à me plaindre.

— Savez-vous, monsieur Robert, que nous risquons gros jeu ?

— Il n'y a rien à craindre, mon ami : les autorités ont le mot, et nous avons des intelligences partout, même dans la gendarmerie.

— Cependant, si ces libéraux, dont notre mission est de faire brûler les propriétés, s'emparaient des incendiaires, ceux-ci ne pourraient-ils pas nous dénoncer?

— Sois tranquille, te dis-je; ils ne sont pas des gens à se compromettre : ils ont soin de n'employer dans l'exécution que des mendians, des servantes ou des enfans qui, au moyen du procédé chimique que tu connais, mettent le feu aux fermes, aux granges et aux maisons qu'on leur a désignées, et quand l'incendie éclate, nos agens sont déjà loin de l'endroit où l'événement a lieu. D'ailleurs, chacun d'eux est, ainsi que nous, muni de plusieurs passe-ports en règle, et ne voyage jamais sous son vrai nom. »

Le lendemain matin, de Bressoles vint trouver au saut du lit Robert, qui passa une robe de chambre et l'emmena dans son cabinet.

— « Vous venez de faire une absence qui m'a bien contrarié, lui dit le comte.

— Je ne pouvais m'en dispenser : vous savez que j'ai une assez nombreuse clientelle; le voyage que j'ai fait en Normandie était dans l'intérêt de plusieurs orphelins, et, par suite des affaires qui les concernent, je dois partir ce soir même pour la Touraine, où ma présence est indispensable...... Mais dites-moi, monsieur le comte, le motif qui vous amène.

— Hé! vous le savez bien : j'ai besoin d'argent.

— Comment?.....déjà! Je vous ai cependant prêté cinq mille francs, il n'y a pas plus de six semaines.

— Il n'en est pas moins vrai que je n'ai pas le sou.

— Vous avez donc joué?

— Non, je vous jure.

— Où sont donc passés ces cinq mille francs?

— Que vous importe? je n'ai point de compte à vous rendre.

— J'en ai cependant un assez important à régler avec vous.

— Sans doute, mais à la mort de mon oncle.

— Monsieur le marquis, malgré ses infirmités, peut vivre long-temps encore.

— On voit bien que vous ne l'avez pas vu depuis un mois.

— Il est donc bien mal?

— Il ne peut aller loin; c'est pourquoi vous ne risquez rien en me faisant un nouveau prêt.

— De quelle somme?

— De vingt mille francs.

— Vingt mille francs !!! Où voulez-vous que je les trouve?

— Où vous avez trouvé toutes
les sommes que vous m'avez avan-
cées sur la succession de mon oncle... dans votre caisse.

— Vous n'ignorez pas que, pour
vous satisfaire , je suis souvent
forcé d'avoir recours à des tiers
qui exigent des intérêts exorbi-
tans.

— Il m'importe fort peu de savoir à quel taux vous vous procu-
rez de l'argent, pourvu que vous
me comptiez la somme que je vous
demande.

— Mais si je vous prête cette
somme, en la comprenant avec
tout ce que je vous ai avancé jus-

qu'à ce jour, vous allez être mon débiteur de cent trente mille francs.

— Comment cela se pourrait-il ? à peine en ai-je reçu soixante mille.

— Oui, mais vous oubliez les intérêts et les vingt mille francs que je vais vous compter, si toutefois vous voulez bien me donner votre parole d'honneur que vous n'avez pas l'intention de les hasarder au jeu.

— Je vous assure, monsieur Robert, que je n'en ai nulle envie.... Et faut-il vous faire un aveu?...... Hé bien ! apprenez que depuis que je suis amoureux, je ne joue plus.

— Vous, amoureux !

— A en perdre la tête.

— Quelle est donc la beauté qui

vous inspire une si grande passion?

— Une des plus jolies personnes qu'on puisse voir.

— Je parierais que c'est quelque actrice.... Prenez garde, monsieur de Bressoles ; vous savez, par expérience, que ces dames vous mènent loin en peu de temps.

— Fi donc ! une actrice.... Ah ! gardez-vous de le penser. Certes, si celle que j'aime l'avait voulu, elle brillerait aujourd'hui sur la scène, car on lui a offert jusqu'à quarante mille francs d'appointemens pour entrer aux Bouffes ; mais, quoiqu'elle ait remporté le premier prix de chant au Conservatoire, elle ne se destine point à la carrière théâtrale. C'est une demoiselle parfaitement élevée ; elle est citée partout pour sa modestie, son instruction, ses bonnes manières, et ne serait déplacée nulle part, pas même à la cour.

— Avec quel feu vous en parlez, monsieur le comte ! Lui avez-vous fait la cour ?

— Oui, sans doute, mais sans succès. Elle ne m'a donné aucune espérance.

— Dame ! écoutez, monsieur le comte, vous êtes fort bien de votre personne ; vous avez en outre de l'esprit, de l'amabilité ; mais vous passez pour volage ; l'on sait dans le monde que vous avez fait beaucoup de victimes dans votre vie, et les jeunes personnes, pour peu qu'elles soient raisonnables, ont de l'éloignement pour les hommes de votre caractère.

— Je ne sais, monsieur Robert,

9*

si c'est là le motif de son aversion pour moi, mais la vérité est que cette jeune beauté fait le tourment de ma vie. C'est sans doute sa mère qui lui aura conseillé de me traiter avec cette rigueur.

— Que fait-elle, sa mère?

—C'est une maîtresse de piano, qui demeurait autrefois dans la maison de ma tante.

—Ah ! je sais maintenant quelle est la jeune personne qui vous monte la tête. Les dames d'Eaubonne et d'Aulnay m'en ont souvent parlé avec intérêt. Il paraît qu'elle a fait long-temps les délices de leurs soirées. Comme je n'allais jamais à leurs concerts, parce que je n'aime pas la musique, je n'ai pas eu l'occasion de la voir. On vante sa sagesse et sa beauté;

mais on ne sait que penser de sa mère qui n'accompagne sa fille nulle part, qui fait ses écolières chez elle, et reste toujours la figure voilée.

— En effet, dans toutes les visites que je lui ai faites, elle ne m'a point laissé voir son visage. Dans tous les cas, quoique j'aie beaucoup à me plaindre de sa sévérité, elle m'a paru avoir de la dignité, et je ne répugnerais nullement à l'avoir pour belle-mère.

— Que voulez-vous dire, monsieur le comte ? Est-ce que vous voudriez épouser la jeune cantatrice ?

— C'est le plus ardent de mes vœux : j'en suis tellement épris que si l'espoir de la posséder m'était ravi, je suis capable d'attenter à mes jours.

—Quelle coupable pensée ! Songez donc que la religion vous ordonne de supporter les peines de la vie. Il faut, en bon chrétien, se résigner aux volontés du ciel. En persistant dans un tel dessein, vous offenseriez Dieu.

— C'est bien là le moment de me parler de Dieu, du ciel et de la religion ! Vous êtes vraiment fatigant avec votre manie de placer ces grands mots dans tous vos discours. Je ne viens pas ici pour entendre un sermon ; je viens pour avoir de l'argent : il m'en faut à tout prix ; il m'en faut pour enlever la beauté qui subjugue mes sens. Je prodiguerai l'or, j'emploierai la violence, si cela est nécessaire, pour la posséder ; mais elle sera à moi, ou je me donnerai la mort !

— Vous êtes dans le délire, monsieur le comte.

— J'ai tellement ma raison que mon plan est arrêté depuis long-temps. Ne jugeant pas prudent de vous mettre dans la confidence, je vous ai dit qu'il ne me restait plus rien des cinq mille francs que vous m'avez prêtés. Mais je vois bien que, pour vous décider à me mettre à même d'exécuter mes desseins, il faut que je vous dise la vérité. Apprenez donc que je n'ai pas encore touché à ces cinq mille francs ; mais que cette somme est insuffisante pour satisfaire aux dépenses qu'exige mon projet.

— Que prétendez-vous faire ?

— Je vais vous le dire ; mais surtout, monsieur Robert, gardez-vous

de me trahir ! je ne vous le pardon-
nerais jamais.

— Puisque votre but est d'épouser la jeune fille, je suis disposé à
vous seconder de toutes mes facul-
tés.... Ah! si c'était pour abuser
d'elle, ce serait différent, parce
que, voyez-vous, la religion... la
morale...

— Allons, monsieur Robert,
allez-vous recommencer votre pré-
dication?

— Non; je vous écoute... parlez!

— N'ayant plus, comme autrefois, la facilité de voir celle que
j'adore, puisque sa mère m'a inter-
dit sa porte, et qu'elle a même
changé de quartier par rapport à
moi, je me suis fait présenter chez
la princesse Wolkonski, où elle
va en soirée tous les jeudis. Cette

jeune Russe , qui la comble d'é-
gards , ne manque jamais , ces
jours-là , de la faire reconduire
dans sa voiture. Mon dessein est de
profiter de cette occasion pour l'enlever. J'ai déjà mis dans mes intérêts deux des gens de la princesse :
ils sont prêts à agir dès que je le
voudrai.

— Où vous proposez-vous de
mener la jeune personne ?

— Je désire trouver , hors des
barrières, une petite maison isolée
que je meublerai somptueusement.
Une fois qu'elle y sera, elle n'en
sortira qu'après que ma passion sera
satisfaite. Que dis-je ? elle ne re-
couvrera sa liberté que pour me
suivre à l'autel. Je m'attends bien ,
dans le premier moment, à la trouver peu disposée en ma faveru ;

mais lorsque je l'aurai soumise, soit par mes prières, soit par mes caresses, soit par mes violences, elle se résignera. Après tout, le sort que je lui destine n'est pas à dédaigner. Je suis jeune encore; j'ai un nom, un rang dans le monde; elle n'a rien, et je suis l'unique héritier d'un oncle valétudinaire qui bientôt me laissera une fortune immense. Vous voyez, monsieur, qu'avec un peu d'adresse, mon entreprise ne peut manquer de réussir; mais l'argent est le nerf de tout, et j'espère que vous ne m'en laisserez pas manquer.

— J'ai tant d'amitié pour vous, monsieur le comte, que vous faites de moi tout ce que vous voulez. »

Robert ouvrit son secrétaire, et prépara un billet sur papier timbré, le présenta à de Bressoles, qui, après l'avoir signé, reçut en échange la somme de vingt mille francs.

— « Mais, mon cher monsieur Robert, dit le comte en jetant les yeux sur le billet, il y a sans doute erreur : vous avez porté là vingt-cinq mille francs, et vous ne m'en remettez que vingt.

— Et les intérêts, les comptez-vous pour rien ?

. — Quoi ! vous les fixez à cinq mille francs pour un an ! C'est, à mon avis, de l'argent payé bien cher !

— Songez donc, monsieur le comte, que si, au bout de l'année, vous n'êtes pas en mesure d'acquitter cet effet, je vous le renouvellerai, ainsi que je l'ai fait jusqu'à ce jour, pour tous ceux que vous m'a-

vez souscrits. Certes, c'est un avan-
tage que vous ne trouverez qu'avec
moi.... D'ailleurs, je dois vous le
dire, si je fais valoir mes fonds à
un taux aussi élevé, ce n'est pas
pour moi ; c'est uniquement pour
soulager les pauvres, auxquels je
réserve toujours les trois quarts des
intérêts que je prends. La charité
est une vertu que j'aime à prati-
quer, et qui, j'espère, attirera sur
moi la bénédiction du ciel. Dieu
protége ceux qui ont de l'humanité
pour les malheureux, et quand on
a, comme moi, de la religion, on
trouve au fond de son âme une bien
pure jouissance à soulager les indi-
gens.

— Il est donc décidé que vous
ne pourrez jamais parler sans citer
Dieu, le ciel et la religion ! Quelle

singulière manie !.... Au surplus,
cela m'est égal. Maintenant je suis
sûr de réussir dans mon projet, et
je vais m'occuper de sa prompte
exécution. Au revoir, monsieur Robert. Je vous souhaite un bon
voyage, et je désire qu'il ne se pro-
longe pas aussi long-temps que celui que vous venez de faire.

— Mon absence sera de trois semaines, ou un mois tout au plus. »

Robert reçut les adieux du comte,
et rejoignit Salmon, qu'il trouva sur
pied. Dès qu'ils eurent déjeuné, ils
se rendirent chez le haut personn-
nage dont ils étaient les secrets
agens. Après avoir approuvé leurs
opérations en Normandie, et leur
avoir donné de nouvelles instructions, il les congédia, en remettant
à Robert une somme considérable,

destinée à porter la désolation dans de nouvelles contrées. En sortant de l'hôtel de son éminence, ils allèrent retenir leurs places à la diligence. Comme leur départ ne devait avoir lieu que dans deux heures, Salmon attendit dans un café Robert, qui alla visiter le général d'Hérouville.

Cependant, vers les onze heures du matin, Gérard, remis des fatigues de son voyage, se leva et passa chez ses hôtes qui l'attendaient pour déjeuner.

— « Excusez-moi, si je suis resté si long-temps au lit, leur dit-il en se mettant à table; mais, quoique je me sois couché de fort bonne heure, je ne me suis endormi qu'à minuit. J'ai entendu de ma chambre, pendant plus de deux heures, deux voix de femme avec accompagnement de piano, et je vous assure que de ma vie des accens aussi enchanteurs n'ont frappé mon oreille.

— Ce n'est pas étonnant, reprit madame Dubois; ce sont nos deux voisines, madame Rémy et sa fille, jeune virtuose dont je vous parlais hier, et qui faisait tant d'effet chez les dames d'Eaubonne et d'Aulnay. C'est une personne que j'aime beaucoup. Elle a tout pour elle, grâces, esprit, talens et beauté. Outre les précieuses qualités qu'elle possède, elle est une des premières cantatrices de la capitale; et si elle consentait à entrer au théâtre, elle gagnerait tout ce qu'elle voudrait; mais elle ne veut pas en entendre parler.

— Je connais, poursuivit Dubois, un jeune homme qui serait désolé si elle prenait ce parti. C'est un fort joli garçon qui sera un jour affligé de cent mille francs de rentes.

— Si M. Delorme pouvait un jour épouser Louise! ce serait un couple charmant!

— Pourquoi pas? Madame Delorme, qui adore son fils, ne lui refuserait pas son consentement, s'il était question de ce mariage. C'est une bonne femme qui n'a aucune espèce de morgue.

— Elle aurait bien tort d'en avoir. Après tout, cette veuve si opulente n'est qu'une ancienne blanchisseuse, et son mari, paysan limousin, venu à Paris avec des sabots, n'était qu'un entrepreneur de maçonnerie, qui a fait fortune dans des constructions importantes, et des spéculations de terrains.

— Ce n'est pas une raison : ne voyons-nous pas, tous les jours, de nouveaux enrichis renier l'origine de leur fortune?... Du reste, nous formons des conjectures qui ne sont peut-être point fondées... Parlons de ce qui nous regarde. Ah ça! Gérard, nous irons ce matin visiter le général, n'est-ce pas?

— C'est le premier devoir que j'ai à remplir. »

Cette conversation fut interrompue par l'arrivée de Delorme qui, après avoir salué respectueusement madame Dubois, donna une poignée de main à son mari, qui le présenta à son ami Gérard.

— « Monsieur est donc ce brave colonel dont vous m'avez tant parlé!.... Ah! monsieur Gérard, d'après ce que j'ai appris de votre valeur, de votre caractère et des persécutions dont vous avez été l'objet, je brûlais du désir de vous connaître. Daignez, je vous prie, me promettre de vous voir quelquefois

— Vous me ferez plaisir, monsieur ; nous autres vieux soldats, nous faisons le plus grand cas des élèves de l'école polytechnique. Les meilleurs officiers de l'armée en sont sortis, et le gouvernement a beau la licencier et la réorganiser, il y règne toujours le même esprit.

— A propos, monsieur Delorme, reprit madame Dubois, êtes-vous libre aujourd'hui ?

— Oui, madame : j'ai même une

permission jusqu'à la fin de la semaine.

— Nous avons une loge de six personnes pour *Hernani* : nous pou-vons encore disposer de deux pla-ces pour madame votre mère et pour vous.

— Ma mère, étant un peu indis-posée, ne pourrait pas en profiter. Quant à moi, j'aurais beaucoup de plaisir à revoir Hernani ; car vous savez que je suis grand partisan de la nouvelle école.

— Hé bien ! vous serez des nô-tres, et, pour ne pas perdre une place, je vais prier madame Rémy de me confier sa fille. »

La démarche que madame Du-bois allait faire causa à Delorme une joie qu'il ne put dissimuler. Il saisit cette occasion pour faire un

pompeux éloge de la jeune musicienne. Tout, dans ses discours, tra-
hissait l'état de son cœur.

Delorme eut lieu d'être satisfait
d'avoir profité de l'invitation que
madame Dubois lui avait faite de
venir aux Français avez sa société,
car il acquit dans cette occasion la
certitude que celle qu'il aimait le
payait de retour. Placé derrière
elle, il ne cessa de lui parler à voix
basse, et, voyant qu'elle l'écoutait
avec plaisir, il osa lui glisser un
billet qu'elle reçut en rougissant.
Cependant la représentation était
extrêmement orageuse : deux par-
tis étaient en présence, les classi-
ques et les romantiques. Ces derniers, composés de jeunes têtes ar-
dentes et avides d'innovations, applaudissaient à outrance les beau-

tés de l'ouvrage, et, au moindre
signe d'improbation, montaient sur
les banquettes du parterre, d'où ils
menaçaient de la voix et du geste
ceux qui osaient siffler le jeune auteur dont le génie, selon eux, allait faire une révolution dans le
théâtre.

En entrant, madame Dubois recommanda à Louise de ne pas prendre d'engagement pour le surlen-
demain, jour où elle avait le projet de donner une soirée.

— « Je regrette beaucoup, madame, lui répondit Louise, de ne
pouvoir y assister ; mais c'est précisément le jour fixé pour la dernière réunion qui aura lieu cette
année chez la princesse Wolkonski :
elle doit partir le lendemain pour
la Russie, d'où elle ne reviendra

que dans six mois. Comme cette dame, à qui j'ai donné des leçons pendant près d'un an, a eu de grandes bontés pour moi, vous sentez bien que je ne puis me dispenser d'y aller. D'ailleurs je dois chanter chez elle un trio avec Rubini et Bordogni, et un duo avec madame Malibran. Ces artistes méritent des égards, et comme ils comptent sur moi, ils seraient en droit de se plaindre si je manquais à ma parole.

— Hé bien! ma chère demoiselle, je remettrai ma petite fête à un autre jour; je ne veux pas qu'elle ait lieu sans vous. »

Louise remercia madame Dubois en l'embrassant. Il était une heure du matin : chacun alla se coucher. Le lendemain, Delorme déclara à

sa mère son amour pour mademoiselle Rémy, et le désir qu'il avait
de l'épouser dès qu'il sortirait de
l'école polytechnique. Cette ouver-
ture fut reçue par cette excellente
femme comme la chose la plus facile à arranger.

Delorme, enchanté des dispositions de sa mère, lui sauta au cou
et lui fit mille caresses. Elle voulait
monter à l'instant même chez madame Rémy pour lui faire part des
vues de son fils sur Louise ; mais il
la pria d'attendre qu'il eût préparé
lui-même les voies qui devaient le
conduire au but qu'il se proposait.
Il voulait, avant tout, gagner entièrement les bonnes grâces de madame Rémy, qui l'avait toujours
bien accueilli et semblait même
avoir une prédilection particulière

pour lui. Cependant notre jeune amoureux, sachant que Panseron, qu'il connaissait particulièrement, devait tenir le piano dans la soirée où mademoiselle Rémy devait chanter, se rendit chez ce professeur et le pria de vouloir bien le présenter chez la princesse Wolkonski. Panseron, qui connaissait le goût de Delorme pour la musique, consentit avec plaisir à cette proposition, et lui indiqua l'heure et le lieu où ils se réuniraient le lendemain pour se rendre ensemble chez la princesse. En entrant dans l'hôtel de la princesse, Panseron, malgré l'obscurité, reconnut au fond de la cour un homme avec lequel il avait déjeuné le matin, et qui avait un entretien fort animé avec trois domestiques de la maison. L'un d'eux laissa tomber une bourse dont le son argentin se fit entendre. Comme il la ramassait, la personne que Pauseron avait reconnue s'éloigna des gens auxquels il venait de parler et dirigea ses pas vers le grand escalier.

—« Ah ! c'est vous, monsieur de Bressoles ! lui dit le professeur, vous ne m'aviez pas dit, ce matin, que vous dussiez passer la soirée chez la princesse. Nous aurons ce soir la jeune et jolie demoiselle Rémy.

—C'est principalement pour elle que je viens ici. »

Sur les onze heures, Louise fit ses adieux à la princesse qui, comme à l'ordinaire, donna l'ordre à ses gens de la reconduire dans sa voiture.

Le premier soin de Delorme en

rentrant chez lui, fut de demander
s'il y avait long-temps que mademoiselle Rémy était rentrée, et il apprit avec surprise qu'elle n'était
pas encore de retour. Perdant enfin l'espoir de voir venir sa chère
Louise, et concevant de sinistres
conjectures sur son absence, il
monta chez Dubois.

— « Il n'y a pas à en douter, lui
dit ce dernier, l'homme que vous
avez vu, vous deux M. Panseron, en
pourparler avec ces gens, la bourse
que l'un d'eux laissa tomber, la dis-
parition de Louise emmenée dans la
voiture de la princesse, tout annonce d'où provient le complot.
Pour moi, je n'hésite pas à en accu-
ser M. de Bressoles. Nous allons
connaître cette trame odieuse,
ajouta Dubois : courons à l'hôtel

de la princesse Wolkonski, et for-
çons ses gens à nous conduire dans
le lieu qui recèle la malheureuse
Louise. »

Delorme se hâta de monter dans
sa chambre, où il revêtit son uniforme et se munit de son épée.
Quand il descendit, il trouva sur
le palier les deux colonels, armés
de pistolets. Ils partirent précipitamment.

Les domestiques de la princesse
s'entretenaient de l'enlèvement de
Louise, et parlaient de la résistance
que leur avait opposée la jeune
fille, lorsqu'ils entendirent frapper
plusieurs fois à la porte de l'hôtel.
Le concierge tardant à ouvrir, on
redoubla les coups de marteau avec
tant de force et de précipitation,
que toutes les personnes qui dor-

maient dans la maison furent ré-
veillées en sursaut. Dès que la porte
fut ouverte, les deux colonels et
Delorme s'élancèrent sous la voûte
et ordonnèrent, du ton le plus im-
périeux, au concierge de faire venir ceux qui avaient été chargés
de reconduire mademoiselle Rémy
chez elle.

— « Scélérats, leur dit Dubois,
qu'avez-vous fait de mademoiselle
Rémy ?

— Pardon, messieurs, s'écria
Franck en se jetant à genoux; c'est
le comte de Bressoles qui nous a
gagnés pour faire ce coup-là. Il nous
a fait conduire cette pauvre demoiselle à Sablonville, dans une maison
isolée. »

Tout le monde fut bientôt sur
pied dans l'hôtel de la princesse,

Pendant que le cocher attelait les chevaux, le duc ordonna à deux de ses gens de monter à cheval et d'accompagner, avec des torches allumées, la voiture où bientôt prirent place madame de Wolkonski et le général dans le fond, Gérard, Dubois et Delorme sur le devant. Franck et Rudler, craignant les suites de cette affaire, profitèrent de ce moment pour sortir de l'hôtel sans être aperçus. Les chevaux, conduits par une main ferme et habile, emmenèrent la voiture au grand galop, et l'espace qu'ils avaient à parcourir fut franchi avec rapidité.

Cependant le comte de Bressoles éprouvait une contrariété à laquelle il était loin de s'attendre

èn arrivant dans le lieu qu'il avait
préparé pour assouvir ses désirs
effrénés. Un obstacle imprévu s'op-
posait à l'exécution de son odieux
projet. Louise, qui avait été trans-
portée évanouie dans le pavillon où
elle était enfermée, eût été exposée aux outrages du comte, sans
une circonstance qui sauva son
honneur et la délivra de l'horreur
de se trouver seule avec son ravisseur. Depuis près de deux heures,
de Bressoles, qui avait égaré la clef
du pavillon, faisait inutilement,
dans le jardin, les plus exactes re-
cherches pour trouver un objet
dont la perte le mettait au désespoir, lorsque les libérateurs de
Louise arrivèrent et pénétrèrent
de vive force dans la maison.

François, domestique du comte, les conduisit vers son maître, qu'ils trouvèrent blotti dans un coin du jardin. Confus de sa mésaventure, il ne savait quelle contenance tenir. Son embarras s'accrut à l'aspect de la princesse, et il fut atterré en entendant la voix du duc.

— « Monsieur de Bressoles, lui dit-il d'un ton sévère, votre conduite est indigne d'un officier français. »

— Elle est atroce ! s'écria vivement Delorme, et je me charge de punir sa déloyauté.

— Monsieur de Bressoles, poursuivit le duc, vous sentez que, d'après une conduite comme la vôtre, il est impossible que vous restiez plus long - temps dans la garde royale. Je pourrais vous faire mettre en jugement ; mais je suis trop l'ami de votre oncle pour ne point ménager sa sensibilité, et je désire que cette affaire n'ait aucune suite ; mais à condition que demain vous m'enverrez votre démission.

— Cela suffit, général ; vous serez satisfait.

— La voici cette clef qui a tant fait pester monsieur le comte ! cria François. Je l'avais cachée là-bas, dans le creux d'un tilleul... Maintenant, allons délivrer la prisonnière. »

Tout le monde, excepté le colonel, courut au pavillon, dont François ouvrit la porte ; mais quel spectacle s'offrit tout-à-coup aux yeux des libérateurs de Louise ! Cette

infortunée, était étendue sur le lit
auquel elle avait mis le feu : préfé-
rant la mort au déshonneur, et
persuadée que son persécuteur ar-
rivait dans l'intention de consommer son crime, elle venait de prendre ce parti désespéré, et croyait
toucher à son dernier moment,
quand Delorme, s'élançant vers
elle, la prit dans ses bras et la porta
dans le jardin. Là, chacun chercha
à éteindre le feu qui avait pris à
ses vêtemens : on y parvint sans
peine ; mais ses cheveux furent
brûlés en grande partie. La princesse la fit transporter évanouie
dans sa voiture, et l'on reprit aussitôt la route de Paris, laissant le
comte dans sa maison, témoin de
l'incendie qui dévora le pavillon en

un clin-d'œil, et désespéré de n'avoir recueilli de sa coupable entreprise que la honte du forfait et la perte de son grade.

Cependant Louise ne tarda pas à reprendre l'usage de ses sens, et sa joie fut au comble en se trouvant dans les bras de sa protectrice.

— « Ma chère Louise, lui dit madame de Wolkonski, après l'avoir embrassée tendrement, j'exige de vous une preuve d'amitié : comme l'évènement qui vous est arrivé retardera mon voyage d'un jour, je vous invite à dîner pour demain, ainsi que vous, messieurs, ajouta-t-elle en s'adressant au duc, aux deux colonels et à Delorme. Avant de quitter Paris, je serai enchantée de passer quelques heures avec les personnes qui ont concouru à sauver mademoiselle Rémy du danger auquel elle s'est trouvée exposée. »

Cette invitation ayant été acceptée avec empressement, la princesse et le duc se firent reconduire chez eux, et la jeune fille vola dans les bras de mesdames Rémy et Dubois, qui étaient dans des transes mortelles, auxquelles succéda l'allégresse quand elles connurent l'issue de tous ces événemens.

Le général d'Hérouville ayant été informé de la conduite de son neveu, en fut tellement indigné qu'il lui fit défendre de se présenter devant lui. Ce ne fut pas le seul désagrément que le comte essuya : plusieurs maisons qu'il fréquentait lui furent fermées, et quand les of-

ficiers de la garde royale le ren-
contraient, ils lui témoignaient le
plus souverain mépris Se trouvant
en outre poursuivi par des créan-
ciers inexorables, il s'éloigna de
Paris et partit pour l'Italie.

FIN DU QUATRIÈME VOLUME.

SÈVRES. — IMPRIMERIE J. L. JOLY, RUE VAUGIRARD, N. 14.